Ne plus vivre avec lui

Octobre 2009

Rue de l'Ouvrage, 18
B-5000 Namur
www.mijade.be

Couverture : Guy Servais.

D/2009/3712/47
ISBN 978-2-87423-045-5

Imprimé en Belgique

Eva Kavian

Ne plus vivre avec lui

Roman

Mijade

Pour Rudy et Bess,

Pour mon père,

Pour Alexis. S'il veut bien rester vivant,

Pour toutes les filles qui ont un père,
parce qu'elles n'en ont qu'un.

N'est-ce pas ? nous irons, gais et lents, dans la voie
Modeste que nous montre en souriant l'Espoir,
Peu soucieux qu'on nous ignore ou qu'on nous voie.

Isolés dans l'amour ainsi qu'en un bois noir,
Nos deux cœurs, exhalant leur tendresse paisible,
Seront deux rossignols qui chantent dans le soir.

Quant au Monde, qu'il soit envers nous irascible
Ou doux, que nous feront ses gestes ? Il peut bien,
S'il veut, nous caresser ou nous prendre pour cible.

Unis par le plus fort et le plus cher lien,
Et d'ailleurs possédant l'armure adamantine,
Nous sourirons à tous et n'aurons peur de rien.

Sans nous préoccuper de ce que nous destine
Le Sort, nous marcherons pourtant du même pas,
Et la main dans la main, avec l'âme enfantine

De ceux qui s'aiment sans mélange, n'est-ce pas !

Paul VERLAINE

1

– Tu dirais quoi, si je te demandais de pouvoir vivre ici ?
– Mais tu vis ici !

Ça commence bien ! Depuis des semaines et des semaines, je tourne en rond, je cherche comment aborder la question et quand je me lance, elle n'y comprend rien : Maman continue à faire la vaisselle comme si je venais de lui demander l'heure.

– Je vis ici une semaine sur deux. J'en ai marre de faire mes valises tous les vendredis. Je voudrais vivre ici à temps plein. Tu serais d'accord ?

La première réponse a été un bris de verre. Mais Maman maîtrise toujours les situations à haut risque familial.

– Ce n'est pas grave, ce verre était déjà ébréché.

– L'école me prend de plus en plus de temps, j'ai l'impression de passer ma vie à bosser pour des profs qui n'en ont rien à faire et de déménager pendant les quelques moments de loisir qui me restent. Tu comprends ?

– Je me demande comment tu trouves le temps de regarder des séries télé avec un emploi du temps comme celui-là !

Ce n'est pas la bonne porte d'entrée. Je fais quoi ? J'essuie les assiettes ? Je range les couverts ? Je file dans ma chambre et je mets le son à fond pour ne pas entendre Line et Lola se disputer ?

– Je ne veux plus vivre avec lui.

– C'est peut-être avec lui que tu dois en parler…

– J'ai peur de lui faire de la peine. Je ne veux pas qu'il se sente rejeté. Mais toi, tu serais d'accord ?

Tout de même, faire de la peine à Papa sans être sûre que Maman est d'accord d'en finir avec cette garde alternée, c'est plus risqué que d'essayer la veste de mes rêves sans savoir s'il reste assez d'argent dans mon porte-monnaie !

– Une chose à la fois, Sylvia. Tu en parles

à ton père, puis on verra. Bien sûr, que tu peux vivre ici à temps plein. À dix-sept ans, il me semble que tu as le droit de choisir. Je suis ta mère. On n'est pas parent à mi-temps.

Cette réponse ne transpire pas l'enthousiasme. Je peux même voir avec précision les pensées qui filent d'un neurone à l'autre dans son cerveau : *je viens à peine de trouver mon équilibre avec une semaine sur deux à mon rythme, je vais devoir mettre mon réveil à six heures chaque matin pour déjeuner avec elle, et donc aller dormir plus tôt. Fini les repas aux heures qui me conviennent, les amants sur le divan ou la table de la salle manger, mais bon, c'est ma fille, elle a le droit de vivre ici à temps plein, pas question que mon petit confort personnel soit un obstacle à son bonheur.* Il sera toujours temps de la rassurer plus tard (je sais cuisiner le minimum nécessaire à ma survie, je n'ai pas besoin d'elle pour le petit déjeuner, quant à ses amants, il y a longtemps que la vie amoureuse de ma mère n'a plus le pouvoir de me surprendre).

– Je ne sais pas comment en parler avec lui.

– Prépare la discussion, fais une liste d'arguments.

J'imagine la scène : je mets la table pendant qu'il regarde ses courriels et que la purée non salée brûle, je lui demande s'il a eu une bonne journée et il me répond d'aller pendre le linge, tant que je suis là ; pendant ce temps Line a crevé les yeux de la poupée de Lola qui cherche une vengeance digne de ce nom et, avant qu'elle ne choisisse de balancer le bac Duplo dans les escaliers, je glisse à Papa, avec une voix douce de gentille grande fille : *Tu laisses la lunette du WC relevée ou tu ne prends pas la peine de la relever et je dois l'essuyer après ton passage, tu pètes en plein repas, tu laves les vitres tellement mal qu'il faut trois jours de pluie pour voir à nouveau le paysage, tu entres dans ma chambre sans frapper, tu réchauffes les croquettes de fromage au micro-ondes et d'une manière générale, tu cuisines vraiment mal, je déteste l'odeur de bière que tu dégages quand la soirée commence, tu t'occupes plus de tes élèves que de nous, tu fais des promesses que tu n'as jamais le temps de réaliser, j'en ai marre de déménager chaque semaine, tu travailles comme un dingue mais tu ne peux pas payer un pot de couleur pour repeindre ma chambre, tu oublies tous les quinze jours que je déteste les chicons, tu achètes du chocolat à tartiner bon marché mais il est intartinable, tu oublies que tu ne m'as pas donné mon argent de poche, tu ne veux pas que je regarde de séries télé, tu ne repasses pas le linge, sans parler des socquettes qui disparaissent et de tes commentaires vieux jeu sur mes vêtements et mes centres d'intérêt, tu n'es jamais à l'heure, tu crois que tu es un père attentif parce que tu me poses des questions sur les études que je vais choisir, mais je n'ai pas envie de parler de ça avec toi et non, je ne sais pas ce que je veux faire l'an prochain. Lâche-moi un peu, tu crois que c'est agréable de répondre chaque fois je ne sais pas, je ne sais pas, je ne sais pas ? Et pour toutes ces raisons, je voudrais vivre à temps plein chez Maman. Mais je t'aime, tu sais, ça n'a rien à voir.*

Comment dire à son père qu'on ne veut plus vivre chez lui ? Comment dire à MON père que j'ai passé l'âge de la garde alternée, comment lui dire que je n'ai pas de souvenirs de lui, du temps où ils étaient encore ensemble, parce qu'il n'était jamais là ? Comment lui dire que je me sens chez moi avec Maman, et pas avec lui ? Sans lui faire de peine. Je l'ai vu s'effondrer sans un mot, sans une larme, quand Maman l'a quitté. Penser à ce que je risque de voir dans ses yeux si je le quitte à mon tour me terrifie. Lui dire que je n'en peux plus avec les disputes et les cris de Line et Lola ? Que ce n'est pas marqué «baby sitter» sur mon front d'aînée de famille décomposée? Que si une femme peut quitter l'homme qu'elle aime parce qu'il est toujours absent, une fille devrait pouvoir quitter son père pour les mêmes raisons?

Line et Lola réclameront-elles également de pouvoir vivre chez Maman? Auquel cas, retour à la case départ: l'enfer. Parce qu'il faut être honnête: malgré tous les reproches que je peux adresser à Papa, en finir avec la garde alternée, pour moi, cela signifie aussi vivre une semaine sur deux sans mes sœurs. À condition qu'elles ne suivent pas le mouvement!

– Et s'il est d'accord? Et si les petites veulent aussi vivre ici?

– Elles ont cinq ans! On verra quand elles auront ton âge. D'ici là, elles ont besoin de vivre avec leur père.

Les adultes ont le chic pour tourner les choses à leur avantage: *je quitte votre père parce que je n'en peux plus avec lui, mais comme c'est important de vivre avec son père, on va se faire un petit plan garde alternée de derrière les fagots.* C'est-à-dire, pour une mère de famille nombreuse, une semaine sur deux de tranquillité! Quelle femme ayant opté pour la garde alternée me dira le contraire ? Je veux moi aussi une semaine sur deux au calme. À mon rythme. Line et Lola vont-elles se débrouiller avec lui, sans moi ? Je ne suis pas leur mère, mais tout de même. Qui réchauffe les pizzas trois fois par semaine ? Qui retrouve le doudou ou vide leur mallette pendant qu'elles prennent leur bain ? Dix-sept ans, c'est l'âge où l'on prépare son avenir, pas celui où l'on colmate les fissures causées par ses parents, zut à la fin.

2

– Papa ? Tu as eu mon message ?

– Oui.

– Et ?

– C'est d'accord, bien sûr. Faut qu'on en parle. Faut voir avec ta mère.

– Tu n'es pas fâché ?

– Non. On parlera de tout ça plus tard. Bang.

Bang ce n'est rien. Bang c'est quelques lettres pour un bruit. Une onomatopée qui ne veut rien dire. Le bruit que j'ai entendu était fait de milliers de bruits. *On parlera de tout ça. Bang.* Bang, et mon père est mort. Je le sais. Je sais que c'est le bruit de sa mort. Les milliers d'onomatopées qui l'ont broyé vif. J'ai appelé mon père pour lui demander s'il avait réfléchi, s'il était d'accord que je ne vive plus avec lui. Et il est mort. Je regarde mon portable. Mon père vient de mourir, je suis la seule à le savoir. Je suis la seule à savoir que je l'ai tué. Mon corps est fixé au bout de mon portable. Je dois me lever, hurler, appeler Maman, la police, dire que Papa est mort. Mais je ne peux pas bouger. Je suis clouée dans une certitude terrifiante. Mon père est mort. À cause de moi. À cause de sa fille qui ne voulait plus vivre avec lui. Celle-là, oui, celle qui veut tout tout de suite, qui ne sait pas attendre. Celle-là qui entendait qu'il était en voiture mais qui a eu besoin d'en rajouter. *Tu n'es pas fâché ?* Elle avait ce qu'elle voulait. Pas compliqué. Il a suffi de demander. Cela ne suffisait pas. Il fallait en plus qu'il ne soit ni triste ni fâché. *Bang*. Je regarde mon portable. La communication a été coupée. Les tôles ont transpercé le corps de mon père, leurs lames acérées me vident de mon sang. Je suis encore capable de penser. Mon cerveau fonctionne. Mon cerveau dit *lève-toi, appelle ta mère, dis-lui que ton père est mort*. Mes yeux fonctionnent aussi. Je vois mon portable. J'essaie plus haut et je vois la balançoire. Papa me pousse. Un peu trop fort. J'ai peur. Non. Je vois la balançoire, mais elle est vide. Derrière la balançoire, je vois le cerisier. Cela fait des jours que Maman me demande d'aller cueillir les cerises, elles sont mûres. Ma mémoire fonctionne aussi. Elle me dit *n'oublie pas de cueillir les cerises*. C'est ça que je vais faire. Je vais me lever, je vais monter dans le cerisier. Je vais cueillir des cerises pour Maman. Parce que je ne sais rien faire d'autre. Je découvre que quand on vient d'entendre son père se faire broyer vif, quand on est remplie à jamais par le bruit de sa mort, on ne peut que cueillir des cerises. Mais mon corps est encore cloué. *Mort* devient une onomatopée plus puissante que la volonté de cueillir des cerises, un marteau qui me cloue. L'onomatopée *mort* rythme les battements du cœur et décompte les cerises non cueillies. Les tôles hachent les chairs des cerises trop mûres, j'en ai plein les mains. Je lèche sur mes mains le jus des cerises déchirées par les tôles qui ont broyé vif mon père et je sais que c'est le sang de mon père mort que je bois. Des gros bouillons de sang de père broyé. On devrait dire aux filles que les pères meurent quand elles ne veulent plus vivre avec eux. Moi, si on me l'avait dit, je ne l'aurais pas appelé. Je ne lui aurais pas dit *je ne veux plus vivre avec toi*, j'aurais été cueillir des cerises pour ma mère au lieu de tuer mon père sur la route avec un portable hors de prix. *Trop tard* s'onomatope lui aussi. *Bang/mort/trop tard/* des hommes noirs martèlent le chant des morts sur les djembés tendus de peaux de pères, je les entends. Si je m'approche de la fenêtre, je sais que je peux les voir. Mais je suis clouée. À me demander si je lui ai dit je t'aime. Pas là, pas juste avant le *bang,* mais dans mon message précédent. Quand ai-je dit je t'aime à mon père vivant pour la dernière fois? Les hommes noirs m'empêchent de compter. Je ne disais jamais je t'aime à mon père, les filles ne disent pas je t'aime à leur père, les filles comme moi veulent tout tout de suite, elles sont prêtes à tuer le premier qui fait obstacle à leur petit confort, pas le temps de dire je t'aime au père absent, les filles comme moi cherchent leur avenir, tant pis pour le père, que les tôles les broient, ces jamais-là. *Bang/trop tard/bang/trop tard/ bang trop tard.* Lola va à la balançoire, elle ne voit pas les hommes noirs. Elle n'entend pas les djembés mais les djembés entendent les balançoires que les mères débordées oublient toujours de huiler *fini/fini/fini/ fini.* Line la rejoint. Deux petites filles vont trop haut dans le ciel sans savoir qu'elles n'ont plus de père, leurs pieds touchent des cerises qui explosent sur leur peau fine, je suis l'aînée, celle qui tue le père, on devrait broyer les aînées à leur naissance pour laisser un père aux suivantes, aux filles qui ne le quitteront pas. Avions-nous fini la conversation? Il voulait en parler encore. Les pères morts finissent-ils leurs phrases? *Tu n'es pas fâché?* Est-il fâché que je l'aie tué? Il y a des pères qu'on ne fâche pas. Interdit. Danger. Des pères qui entrent en silence quand on les fâche et rien n'est pire que le silence de ces pères. Mais il ne rappelle pas sur mon portable. *Tu as eu mon message?* Tu as entendu que je t'aimais? À cause de leurs grands silences, certains pères entendent qu'on les aime quand on ne le dit pas. *Bang. Tu as eu le temps d'entendre ce que je ne t'ai pas dit?* Il y a des cris qui ressemblent à la voix de ma mère. Les petites filles dans le ciel n'entendent pas que leur mère vient d'apprendre qu'elles n'ont plus de père, elles rient avec le sang de leur père sur les chevilles lacérées de leur enfance brisée pendant que les hommes noirs gonflent leur gorge pour un chant rauque rythmé par des cordes qui grincent *descends, va dire à cette femme que tu as tué le seul homme qu'elle a aimé, va lui dire, allez, mademoiselle tout tout de suite, va dire aux autres que c'est ok ok ok ok tu ne vivras plus avec lui, ok ok ok fini fini fini, trop tard bang trop tard bang, lève-toi et va dire que c'est avec toi qu'il parlait juste avant de mourir, c'est à toi qu'il disait ok ok ok c'est toi qui le quittais cette fois, et il en est mort, trop tard trop tard bang.* Autour de moi, les araignées qu'il n'a jamais voulu tuer dansent. A-t-il encore dit un mot, juste un autre mot, avant le bang? *On reparlera de tout ça.* Bang.

– Sylvia? C'est Marie. Je peux entrer? Ta mère vient de partir. Ton père a eu un accident. Grave. Je peux entrer?

Je veux que mon portable sonne. Que maman me dise que tout va bien. Je veux revoir mon père. Mais Marie se met à pleurer. Dans un souffle, elle dit. *C'est trop tard, Sylvia.*

3

Quand j'avais l'âge de mes sœurs, je m'endormais souvent en pensant à la mort de ma mère. J'ai tellement pleuré sa mort durant mon enfance qu'il me semble aujourd'hui que je n'aurais plus une larme, si elle mourait. Étrangement, je n'ai jamais pensé à la mort de mon père. *La mort de mon père*. Ce sont des mots dont l'assemblage ne ressemble à rien de connu. Je ne pleure pas. Quelque chose tient mes yeux anormalement écarquillés. Ils restent secs. Je ne suis plus la seule à savoir qu'il est mort. J'ai entendu le bruit de sa mort et le bruit de sa mort s'est répercuté au-delà de moi, secouant l'univers tout entier. Des bouts d'univers téléphonent, entrent et sortent, font du café, pleurent, ahuris. La violence de la mort de mon père hurle à chacun la fragilité de sa vie. Alors ils viennent. Ils viennent vérifier si on peut mourir si jeune, si injustement, quand on est quelqu'un de si bien. Et ils ne voient rien. Il n'y a rien à voir. On aura le corps demain.

Le temps de retrouver tous les morceaux. De désincarcérer. Maman a dit que nous étions sa famille. Que les visites se feront chez nous. Tout le monde vient voir chez nous celui qui n'y était jamais. Même son corps mort, on a du mal à le faire venir ici. Le corps de mon père. En miettes. Impossible à reconnaître. J'ai dit que oui, il avait des bottines noires. Un sac à dos gris et noir, en damier, oui. Ils ont cherché des traces d'alcool dans le puzzle du corps de mon père, mais ils n'ont rien trouvé. Il manque deux doigts. Impossible de mettre la main dessus. De la bouillie. Maman raconte ça froidement, en pilotage automatique. Elle sert du café, elle met les petites en pyjama, elle fout tout le monde dehors en disant merci, à demain, quand vous voulez, je suis fatiguée. Marie reste. Elle ne veut pas laisser Maman seule ce soir. Je suis là. Je regarde ma mère anéantie par la mort de l'homme qu'elle a quitté il y a quatre ans. Elle n'est ni la veuve, ni la maîtresse, ni la sœur. Elle est devenue l'ex, la mère des enfants. Quelle est sa peine ?

– J'irai mettre les petites au lit, Maman. Je ferai la vaisselle. Oui, ça va. Ça va aller.

Maman allait raconter à Marie leur première rencontre, leur mariage, ses yeux foncés, la totale, et le corps qu'on ne lui a pas laissé voir. Le doute, forcément. La réalité absolue et le doute.

– Allez parler dans ton bureau, je vais ranger ici. Line et Lola, vous voulez dormir avec moi cette nuit ? Venez, vous allez m'aider à installer les matelas.

Jamais je n'avais accepté qu'elles dorment dans ma chambre. Nous avions dormi quelques fois ensemble en vacances ou lors de travaux de peinture et depuis, elles revenaient régulièrement à la charge, mais avec de moins en moins de conviction. Il me semblait qu'il fallait faire diversion. Offrir autre chose à penser à deux petites filles qui viennent de perdre leur papa. D'accord on va coller les matelas, d'accord c'est moi au milieu, d'accord j'attends que vous vous endormiez pour descendre.

– Tu crois qu'il nous voit ?

Je vois un globe oculaire dans la boîte à gants, l'autre collé au rétroviseur.

– Je ne sais pas.

– Tu crois qu'il nous entend ?

– Peut-être.

– Et qui va s'occuper de nous, quand ce sera la semaine chez lui ? Tu crois qu'on va aller en garde alternée dans un orphelinat ?

– Qui on ?
– Ben nous trois !

Nous trois. Pour mes sœurs, il n'y a pas « elles et moi », mais nous trois. Nous trois au père mort. Nous trois en garde alternée, une semaine chez Maman, une semaine chez Papa qui est mort. Jusqu'à ce moment, il y avait toujours eu Papa, moi et les petites ou bien Maman et moi, et les petites. Notre père mort nous rassemble. Nous trois. Les orphelines de Didier Seurat. Les pauvres petites qui ont perdu leur père dans cet accident effroyable, vous vous souvenez ? Line et Lola se souviendront-elles de Papa ?

– Maman va organiser tout cela, on peut lui faire confiance. Demain, je pense que vous allez chez tante Monique.
– Et toi ?
– Je vais aider Maman, faire du café…
– Papa me manque.
– Moi aussi, Lola.
– Si on lui demandait d'exaucer un vœu ? Peut-être que les nouveaux morts peuvent exaucer un vœu…

Tu m'entends Papa ? Entends-moi, réponds-moi. Pardonne-moi. C'est trop tôt, Papa. Nom de Dieu c'est trop tôt. Réponds. Ne me dis pas qu'on a déjà réussi à te faire taire, là haut. Ne nous laisse pas comme ça. S'il te plaît !

– Tu pleures, Sylvia ?
– Pas toi ?
– J'ai les yeux qui piquent.
– C'est la fatigue, dormez bien, mes petites sœurs.
– Reste encore un peu, on ne dort pas encore.
– Quand il nous met au lit, il nous frotte la joue avec sa barbe.
– Ou bien on doit lui dire trois mots chacune, et il fait une histoire avec.

Je n'ai pas de souvenirs avec lui. M'a-t-il raconté des histoires ? A-t-il joué à cache-cache avec moi ? Il venait de partir, il allait revenir, il avait une réunion ou il préparait sa journée du lendemain. Me manquait-il ? Il est apparu un jour, dans son appartement. D'un coup, on le voyait. Une semaine sur deux. Mon enfance était passée. Il était passé à côté de mon enfance. Comment peut-on se sentir si triste (suis-je triste ? est-ce le bon mot ?) en perdant un père que l'on n'a pas remarqué pendant treize ans ou un père qui nous a confondue avec la boniche de service en se prenant pour un sergent-chef, pendant quatre ans ? Elles se sont endormies dans mes bras. Comment me dégager sans les réveiller ? Chez lui, je devais un peu prendre la place d'une mère. Devrai-je maintenant prendre un peu celle d'un père ? Frotter leurs joues avec mes mollets poilus pour les endormir ?

– Je ne dors pas encore.

– D'accord. Tu penses à quoi ?

– Je pense que j'aime dormir dans ta chambre avec toi.

– Je vais descendre pour aider Maman, mais je viens dormir près de vous après, d'ac ?

– D'ac.

Ma chambre est devenue un petit radeau pour les orphelines de Didier Seurat. Nous avons besoin de cela, être ensemble toutes les trois. C'est tellement étrange de ressentir ce lien. Papa est mort et je découvre qu'il a trois enfants. Nous sommes trois à avoir perdu notre père aujourd'hui. Bang. Nous perdons notre père, et notre mère, qui a toujours été là pour nous, n'est pas là. Elle ne veille pas sur nous, elle n'écoute pas notre peine, elle ne nous prend pas dans ses bras. Elle n'a pas intégré le concept ? Nous avons perdu notre père, Maman, ne nous laisse pas tomber !

4

– Marie est partie ?

– Oui, j'ai besoin qu'on soit entre nous. Les petites dorment ?

– Oui.

– Viens près de moi.

Nous sommes sur le divan. Vautrées. Les pieds sur la table basse, fixant l'écran éteint de la télévision. Comme s'il y avait une panne en plein film, et que nous attendions que le courant se rétablisse.

– Il devrait appeler. C'est son heure. Il a peut-être prêté sa voiture à un ami et il est chez lui, il va m'appeler. C'est impossible qu'il ne m'appelle pas.

– Il te téléphonait ?

– Il téléphone presque chaque soir. Il rentre de son travail, de ses réunions, il prépare sa journée du lendemain, il fait quelques recherches, termine quelques courriers, puis il m'appelle avant d'aller dormir, je lui raconte la journée, on parle de vous.

– Et toi, tu l'appelais, quand on était chez lui ?

– Non. Je vais l'appeler. On ne sait jamais, Sylvia. Faut que j'essaie.

Je n'ai pas le temps de la retenir, je n'ai pas le temps de lui dire qu'il est mort pour de vrai et que je suis bien placée pour le savoir. À son visage, je sais ce qu'elle entend : *Vous êtes bien chez Didier Seurat, je suis absent, mais je reviens, promis, et je vous rappelle, à bientôt.* Maman colle son oreille au cornet mais j'entends la voix de Papa. *Je reviens, promis, et je vous rappelle, à bientôt.* Elle doit le savoir, qu'il ne tient pas ses promesses. *Didier, c'est Laure. Rappelle-moi dès que tu rentres. Je t'en supplie. À n'importe quelle heure.* Mon Dieu, Maman, ne fais pas ça. Pas devant moi.

– Il est mort, Maman.

– Ce n'est pas son genre, de mourir comme ça. Ça ne colle pas avec lui. C'est au-delà de ce que je peux imaginer. Depuis que les policiers sont venus, mon esprit hurle *c'est impossible, c'est impossible, c'est impossible.* C'est pour ça que je veux voir son corps, tu comprends ? Et toi ?

Moi je ne veux pas voir son corps parce que je peux trop bien l'imaginer. Je vois les tôles mélangées à ses intestins, son crâne écrasé dans un gaufrier en simili cuir, je vois ses doigts comme un jeu de mikado éparpillé, je vois un pied sur la route et un autre sous le siège, je vois son portable qui est entré dans son cœur, glissé entre deux côtes comme dans une boîte aux lettres, un poignard parricide haute fidélité.

– Moi non, je ne veux pas voir son corps.

– Le téléphone !

– Ce n'est pas lui, Maman.

Tu le sais, hein ? Tu le sais que ce n'est pas lui ? Tu ne vas pas devenir folle, hein ? Tu vas atterrir !

– C'était Monique. Elle prend les petites demain. Tu es la bienvenue aussi, si tu veux.

– J'ai besoin d'être ici.

– Je comprends. Ils… ils apportent le cercueil demain. Monique a contacté les pompes funèbres. Le curé. Il faut aussi s'occuper des faire-part. Des funérailles. Oh, Sylvia, qu'est-ce qu'on va devenir ?

Mort. Décès. Funérailles. Cercueil. Pompes funèbres. Cadavre. Je dois intégrer des nouveaux mots dans mon vocabulaire. Il me faut toujours du temps avec les nouveaux mots. Mon père est décédé, son cadavre en mille morceaux ne sera pas reconstitué pour ses funérailles parce qu'il manque deux doigts mais ce qu'on a retrouvé de lui sera mis dans un cercueil par les pompes funèbres que tante Monique a appelées. Il faut décider quand on va enterrer mon père mort. Ils sont fous ou quoi ? Ils nous demandent de décider quand on va enterrer mon père. Jamais. Voilà ce que je décide. Il leur faut une photo pour le faire-part. Qui a une photo de mon père ? C'est lui qui prenait les photos. Avec les doigts qui lui manquent, si ça se trouve. L'enterrement de mon père. Le cercueil de mon père. Nom de Dieu, Papa, tu fais chier !

– Pitié, Sylvia, éteins cette télévision !

– Déso, c'est un réflexe, je n'avais même pas remarqué.

– J'ai l'impression d'avoir reçu un coup dans le ventre. Un coup qui coupe la respiration.

– Moi je ne sais pas. Ça ne ressemble à rien de ce que je connais. Mais j'ai une boule dans le ventre.

– Tu pourras dormir ?

– Non.

– Viens dans mes bras.

Aurais-je été dans les bras de Papa si Maman était morte ? Je ne me souviens pas d'avoir été dans ses bras. Je me souviens de l'odeur de la bière, mais pas de son odeur à lui. Je n'ai même pas le souvenir de l'odeur de mon père.

– À quoi tu penses ?

– Je ne sais même plus quand je lui ai dit que je l'aimais pour la dernière fois.

– Moi non plus.

– Tu l'aimais encore ?

– C'est compliqué. D'une certaine manière, oui. Je l'aime encore.

– Pourquoi tu l'as quitté ?

Et moi ? Je l'aimais ? Il me manque pour la première fois. Faut-il qu'un père meure pour qu'on puisse l'aimer ? Il ne me manquait pas quand il n'était pas là, et l'idée qu'il ne soit plus là est insupportable. Incongrue. Inimaginable, comme dit Maman. On va passer le film à l'envers, on va voir les morceaux de Papa se recoller, sa voiture va reprendre son volume normal, il va sortir et tant pis s'il lui manque deux doigts, il va appeler Maman comme chaque soir, ils vont parler de nous trois, je peux barrer *orpheline* de mon vocabulaire, demain je cueillerai des cerises et je lui dirai que j'ai vu un mauvais film qui m'a fait réfléchir et qu'en fait la garde alternée me convient. Ce n'est pas une question d'âge. Qu'il peut tout de même faire un effort avec la planche du WC, et repeindre ma chambre.

– Quelques mois après la naissance de tes sœurs, j'ai perdu un bébé. Il n'a même pas pris congé pour m'accompagner pour le curetage. J'ai mis tes sœurs à la crèche, je t'ai conduite à l'école, puis j'ai été à l'hôpital. Toute seule. En fin de journée, j'ai été vous chercher. Ton père avait rendez-vous avec je ne sais qui encore. Quand il est rentré, il m'a juste dit que c'était sans doute mieux comme ça, que j'étais déjà débordée avec vous trois. Cela faisait longtemps que je me sentais en manque de tendresse, mais là, ce soir-là, quelque chose s'est cassé. Le manque de tendresse est devenu une obsession. Je me sentais si seule. Cela a duré un an ou deux. Jusqu'au jour où j'ai eu l'impression que je devais sauver ma peau. Que j'allais crever, sinon.

– Et lui, il t'aimait encore ?

– Oui. Quelque chose ne s'accordait pas entre nous, mais nous nous aimons. Il aime à sa manière. Ça ne passe pas par les gestes et par le corps. Nous nous aimons. Nous nous aimions. Ça ne sonne pas juste, Sylvia. Ton père n'est pas un homme que l'on peut mettre au passé. Il y a une erreur. Forcément. Demain on va se réveiller devant la télé encore allumée, on aura fait un horrible cauchemar et zou.

– Il est mort pour de vrai, Maman. Je l'ai appelé. Je voulais savoir s'il acceptait que je ne vive plus avec lui. Il m'a dit qu'il était d'accord et il est mort. J'ai entendu l'accident, Maman. J'ai entendu Papa mourir. Si je ne l'avais pas appelé, il serait toujours là…

– Non !

5

Il s'est arrêté parce qu'il y avait un embouteillage. Il a décroché parce qu'il voyait qu'il y en avait pour un bon bout de temps. *Ton père est dans la catégorie des buveurs de thé, Sylvia. Il était déjà contre les portables. À cause des ondes et parce que le téléphone, les courriels et tout ça ne remplacent pas une rencontre. Il a un portable depuis notre divorce. Pour si jamais il vous arrivait quelque chose. Si vous aviez besoin de lui. Il n'aurait jamais répondu à un appel en conduisant. Il était à l'arrêt. Il a vu que c'était toi.* Le gars qui est arrivé derrière lui n'a pas vu que Papa était à l'arrêt. Il faisait du 130 km/h, avec une 4x4. Bang. Je n'ai pas tué mon père. Mon père est un buveur de thé mort. Un buveur de thé, dans les catégories de Maman, c'est un mélange écologiste-zen. Le genre qui va sauver la planète en évitant de boire une canette, le genre qui cherche la paix intérieure alors taisez-vous les gosses, le genre qui va à l'essentiel en méditant deux fois 40 minutes par jour pendant que Madame court dans tous les sens puis lui recommande de faire un peu de relaxation si elle a ses nerfs en fin de journée. Le genre qui veut entrer en compassion avec l'univers et ne supporte pas les états émotifs de son entourage. Et si tu voulais de vraies rencontres, Papa, pourquoi tu n'étais pas là, avec nous ? N'étions-nous pas de vraies rencontres ? Ne faisions-nous pas partie de ton univers ? De ton essentiel ? Je sens le corps chaud de Line et Lola. Je regarde le plafond. Je suis sûre que Maman regarde le plafond aussi. Nous avons besoin de coller nos corps sur le petit radeau en matelas. Didier Seurat est mort. Les restes de son corps sont éparpillés, les restes de sa famille sont inséparables. Je voudrais qu'il entre dans ma chambre sans frapper. Là. Tout de suite. *Désolé pour mon retard mais on a volé ma bagnole, bref, j'ai ramené des frites, mais bon sang qu'est-ce que vous faites là toutes les quatre ?* Où es-tu ? Où vont les buveurs de thé morts ? Maman veut un enterrement, une messe, des *funérailles*. Et toi ? Tu veux quoi ? As-tu un jour pensé que tu étais un mortel ? As-tu pensé qu'une voiture de chasseur de buffles conduite par un jeune cadre dynamique pouvait te zigouiller à quelques kilomètres de chez toi alors que tu rentrais d'une réunion pour la réhabilitation des sentiers de ton village ? Tu voulais quoi, pour ton corps mort ? Pas un curé, j'en suis sûre. Un radeau à allumer sur un grand fleuve ? Un four nocif pour la couche d'ozone ? Maman dit qu'on est vivantes, nous, et qu'on a besoin d'un lieu où te retrouver. Mon Dieu Papa, tu vas avoir une tombe. La tombe de mon père. Est-ce possible ? Je n'ai jamais imaginé, moi, que tu étais un mortel. Ça ne meurt pas, les pères. C'est là, ça dure, ça reste. C'est du béton. Absents, d'accord, mais pas morts. Tu comprends ou merde ? Tu m'énerves autant que quand tu étais vivant. J'ai la rage. Je regarde le plafond et je t'en veux. Je te déteste, d'être mort. On s'en fout des sentiers. J'en ai rien à fiche de la marche à pied. Je m'en fous que les gens s'approprient un mètre au bout de leur terrain pour planter des noisetiers rouges. Tu crois que tu vas changer le monde ? Tu crois que tu peux ralentir le processus ? Eh bien bingo ! T'es mort, on va t'enterrer, un curé va asperger ton cercueil garni de soie synthétique par une société de pompes funèbres capitaliste, il va faire des prières pour te garantir le paradis des andouilles et après, tes trois orphelines vont se remplir les poumons des gaz d'échappement du corbillard en le suivant jusqu'au cimetière pour mettre ton cadavre en miettes dans ta tombe au milieu des anciens combattants, pendant que la femme que tu n'as pas su aimer convenablement reçoit les condoléances de tes copains buveurs de thé. T'es content? Ça valait le coup? C'était bien, ce petit séjour sur terre?

– Sylvia, tu dors?
– Non.
– On descend?
– D'ac.

L'esprit reste-t-il encore en éveil après la mort du corps? Combien de temps? Quelques heures? Quelques jours? Cela vaut pour les corps déchiquetés? Les méconnaissables? Les incomplets? Tu nous entends? Tu nous vois? Fais un signe. Fais un signe pour que je sache que tu es là. Je regarde l'écran. Tu peux l'allumer? Apparaître un quart de seconde? Le faire grésiller? Allez, un effort. Concentre-toi. Entre en compassion avec mon univers. Bon, je ferme les yeux. Essaie un bruit. Un petit bruit de rien du tout et je saurai que tu es là. Voilà. Je sens que tu es là. Tu vois, c'était pas si compliqué. Une petite odeur de bière. Il suffisait d'y penser. Aide-nous, Papa. Aide-nous à apprendre à vivre sans toi.

– Tu en veux une?
– Une bière? À quatre heures du matin?

– Ça nous aidera peut-être à dormir. Faut qu'on dorme, Sylvia. On ne tiendra jamais le coup, si on ne dort pas.

Je ne tiens pas le coup. Je déraille. Ma mère ouvre une bouteille de bière et je pense que je communique avec l'esprit de mon père. Je ne tiens pas le coup.

– C'est la dernière journée où Papa a été vivant, si je dors, elle va se terminer. Tu crois que son esprit est encore là ?

– Je ne crois en rien. Mais on ne disparaît pas comme ça.

– C'est sûr.

– Quoi ?

– On ne disparaît pas comme ça.

– Tu as prévenu des amis ?

– Non.

– …

– Je ne suis pas capable.

Allo ? C'est Sylvia. Je t'appelle pour te dire que mon père est mort. Oui, tout à l'heure. Un bête accident. Non, il n'a pas souffert. On aura le corps demain, on cherche encore des morceaux. Toi aussi, bonnes vacances. Je ne suis pas capable de dire *mon père est mort.* Je pourrais écrire un message : *pR DCD PM 14h.* Comment partager quelque chose que je ne sais pas encoder ?

– Je ne sais pas comment je vais faire sans lui. C'était comme un pilier. Quelque chose d'inébranlable. Il ne pouvait rien m'arriver. Il ne pouvait rien nous arriver. Il est mort et je deviens vulnérable. À sa manière, il veillait sur nous. Oh, Sylvia, je me sens si triste.

Papa ? Tu es là ? Maman est dans mes bras. C'est une petite fille. Maman est une petite fille qui pleure dans mes bras. Et je te sens. Je te sens en moi. C'est possible ? Je suis envahie d'une étrange force. C'est toi ? Tu es en paix ? C'est ça que tu veux me dire ?

– Je suis là, Maman. Papa n'a pas souffert. Il est en paix. Il va veiller sur nous. Il est là, tout près de nous. Il ne va pas nous lâcher comme ça. Ce n'est pas son genre.

C'est ça que je dois lui dire ? Tu es toujours là ?

– On va s'en sortir, Maman, toutes les quatre. Demain j'irai chez lui. Tu me diras ce qu'il faut comme papiers, je les trouverai. Je verrai si tout est en ordre, je prendrai son carnet d'adresses.

Non, mais ça ne va pas ? Je ne veux pas

aller chez toi, moi. Je ne veux pas aller dans l'appartement de mon père mort. C'est pas marqué *assistante sociale* sur mon front ! J'ai 17 ans, tu viens de mourir, laisse-moi pleurer. Laisse-moi être une petite fille qui vient de perdre son papa.

– Allez viens, Maman, on va essayer de dormir un peu.

6

– J’ai faim !

– Moi aussi !

– Venez les filles, on va laisser maman dormir.

– Papa est encore mort ?

– Oui.

– Et il reviendra quand ?

– Mange tes corn-flakes.

Monique a les yeux rouges. Nous évitons de nous regarder.

– Je dépose les filles chez moi, Lucie va s’en occuper. Puis je reviens.

– D’ac.

– Ça va, toi ?

– Je vais aller chez lui. Maman a besoin de papiers.

– Tu veux que je t’accompagne ?

– Non.

Arrête, Monique. Arrête d’être gentille. Si tu continues, je vais pleurer. Si je commence à pleurer, je ne pourrai plus jamais m'arrêter.

– Tu as raison, je pense que ta mère aura plus besoin de moi ici. Bon, les filles, vous êtes prêtes ? Vous allez avoir beaucoup de visites, tout le pays est déjà au courant. Prépare du café, range un peu ce bordel. Et par pitié va prendre une douche. Le toubib arrive dans vingt minutes. Faut qu'elle prenne des calmants. Tu veux quelque chose, toi ?

– Je n'ai pas besoin de calmant.

J'ai besoin de toi, Papa. Reviens. Allez zou ! C'est un peu facile de me faire dire des choses et puis de te tirer. Je n'ai ni l'envie ni la force d'aller chez toi. Pigé ? Maman est à nouveau dans mes bras, tu viens ? Un vrai zombie.

– Je te prépare un café, va prendre ta douche, le médecin va passer.
– Je ne suis pas malade.
– Tu dois tenir le coup, Maman, tu dois tenir le coup pour nous.
– Mmm.

Ça suffit maintenant ! Je ne suis pas prête à te laisser partir. Compris ? Tu vas finir le travail convenablement ! Je débloque.

Je mets du café dans la théière en parlant à mon père mort. Et hop ! Il est trois heures plus tard, on ne sait plus où mettre les gens, je ne reconnais plus personne, tout le monde pleure *ce n'est pas possible, pas lui, pas comme ça, pas si vite / et les pauvres petites / et on devrait retirer le permis à ces connards / non merci je préfère le thé / je l'ai encore vu il y a deux jours / moi je l'aurais bien mérité, je bois, je fume, mais lui ? / c'est François qui me l'a dit, j'arrivais pas à y croire / les funérailles, c'est quand ? / et ta mère ? / et tes sœurs ? / il va vous falloir du courage / je l'ai eu comme prof pendant sa première année / Yvan va arriver, il n'est pas en état de conduire, Manon passe le prendre / où voulez-vous que je mette les fleurs ? / encore bien qu'il n'avait plus ses parents / ça va, toi ? /* Non ça ne va pas, j'ai le tournis, fichez le camp, non c'est moi, je fiche le camp.

– Je vais chercher les papiers.
– Tu veux que quelqu'un t'accompagne ?
– Non. J'ai besoin d'être seule.

Je suis là, Papa. Chez toi, chez nous. Je suis là où tu ne viendras plus jamais. Je suis là où je ne voulais plus vivre avec toi. Et tu n'es pas là. Tu aurais pu refaire ton lit avant de mourir ! Et une petite vaisselle ? C'est trop demander, une petite vaisselle avant de déguerpir pour l'éternité ? C'est le foutoir partout chez toi, quand on est chez Maman. Tu t'appropries nos sentiers ? Tu vas à l'essentiel en cachant le linge sale sous des cartes topographiques ? Trois orphelines, trois héritières. Je prends ton gros pull rouge pour moi. Oh Papa, il a ton odeur. Tu es mort et ton odeur vit encore. J'ai envie de pleurer, Papa. Faut pas. *Pas pleurer/pas pleurer/pas pleurer.* Pour maîtriser ses émotions, une longue et lente expiration, merci. Je prends ton réveil Donald pour Line et ta tasse Mickey pour Lola. Héritages inodores. Trois héritières. Va chier ! Tu faisais quoi, juste avant de partir vers la mort ? La table du petit déjeuner est encore là. Confiture bio, miel bio, thé bio. L'ordinateur est éteint. Je l'allume ? J'envoie un courriel à tes contacts ? *Je suis mort, on m'enterre dans trois jours. Vous pouvez supprimer mon adresse. Définitivement.*

– Salut John. T'es au courant ? Il est mort, John. Tu comprends ? Papa est mort.

Maman ne veut pas de chat. Je fais quoi avec John ? Cas de force majeure. Mais j'ai réussi. Au chat de mon père mort j'ai dit tout haut *papa est mort*. Maintenant je sais dire ça. Tu lisais quoi avant de mourir ? *Un avenir noir pour la planète bleue ?*, sur ta table de nuit. *Évaluation des compétences au premier degré de l'enseignement secondaire*, sur le plan de travail de la cuisine. *Les Six Couleurs du thé*, sur ton bureau. *Le Culte des ancêtres*, aux toilettes. *Le culte des ancêtres, pratiqué en Thaïlande, au Vietnam (...) est un facteur de cohésion sociale et familiale. Il permet aux vivants de s'inscrire dans la continuité de ceux qu'ils vénèrent et de marquer leur appartenance au même clan, il est transmis de génération en génération, chacune doit le perpétuer. Il repose sur la conviction que l'âme du défunt survit après sa mort et protège sa descendance.* Tu lisais ça hier en faisant la dernière crotte de ta vie ? Tu es là ? Tu vas nous protéger ? C'est toi qui as souligné ces lignes ? *En vénérant leurs ancêtres, les membres d'une famille expriment leur respect, leur attachement et leur reconnaissance. Le lien d'affection et de solidarité qui unit les générations vivantes d'une famille repose sur la piété filiale, tandis que celui qui unit les vivants et leurs ascendants repose sur la pratique du culte des ancêtres.* Tu crois qu'on peut rattraper ce qu'on a raté pendant sa vie quand on est mort ? Ou qu'un lien d'affection peut naître après la mort de quelqu'un ? *La présence des ancêtres est un élément naturel et heureux dans la vie de la famille. Toute l'année, les ancêtres continuent à vivre avec leurs descendants, ils sont tenus informés et associés à tous les événements importants de leur famille.* Tu es mort. C'est le dernier événement important de ta famille. *Le dernier disparu est vénéré comme le représentant le plus actuel de toutes les mémoires du passé.* Tu es le dernier disparu. Tu représentes toutes les mémoires du passé jusqu'à la prochaine mort. La mort est entrée dans ma vie. À cause de toi. Avec toi. Merde. Une longue et lente expiration.

– Viens, John. On y va.

Il y a 1853 pas entre chez Papa et chez Maman. Je les ai comptés en venant, pour ne pas penser. Je suis capable de marcher sans compter pour revenir. Je marche tranquillement, j'expire lentement. Le vent m'envoie l'odeur de Papa en passant par son pull qui dépasse du sac. Je suis allée chez mon père mort. Et je me sens sereine. Remplie de lui ? Tu es là ?

– J'ai tout. Tu crois qu'il savait qu'il allait mourir ?
– Bien sûr que non.
– Il m'avait dit que s'il lui arrivait un jour quelque chose, je n'avais qu'à te passer cette caisse. Tous les documents nécessaires y sont. Et il lisait *Le Culte des ancêtres*.

– Il lisait toujours des trucs dans le genre. C’est quoi ça ?

– C’est John. On peut le garder ?

– Oui. Ne me demande pas de le prendre dans mes bras trop vite, d’accord ?

– Je me sens mieux, depuis que j’ai retrouvé John.

– Raison de plus pour le garder !

7

– Sylvia ? Qu'est-ce que tu fiches dans le cerisier ?

– Je cueille des cerises.

– Tu crois que c'est le moment ?

– J'ai besoin d'être seule, je ne savais pas où aller.

– Tu veux qu'on parle ?

– Ça va aller, Marie, occupe-toi de Maman.

La maison est remplie. À se demander comment ils vont pouvoir entrer le cercueil. Je suis assez haut dans le cerisier pour apercevoir les voitures qui arrivent, qui se garent n'importe comment. Certains se pleurent dans les bras avant d'entrer, d'autres fument, toute l'école est là. Mon père meurt et tous mes professeurs débarquent. Depuis quand les enseignants ne partent-ils plus en vacances juste après la remise des bulletins ? Combien de cerises y a-t-il sur ce cerisier ? 1853 ? Si j'en ai cueilli 200 quand le cercueil arrive, je reste dans le cerisier. Si ce seau peut en contenir 500, j'appelle Diane, s'il peut en contenir 600, j'appelle Fany, s'il peut en contenir 700, j'appelle Céline. Mais je n'appellerai pas Manu. Plutôt crever. Et si je tombais ? Si je tombais de la plus haute branche ? *Chante rossignol, chante, toi qui as le cœur gai*, j'ouvrirais les bras, je lâcherais le seau qui lâcherait les cerises, mon corps exploserait en heurtant le faîte de la balançoire, chaque morceau de moi reprendrait un peu de hauteur, une fraction de seconde, à cause de la violence du choc, le temps de se mêler aux cerises. Nous tomberions ensemble, les cerises et moi.

– Tu veux un coup de main ?
– Tu es trop lourd, Yvan !
– C'est Marie qui m'a dit que je te trouverais ici.

Yvan s'assied au pied du cerisier. Si nous tombons, moi et les cerises, nous écrasons le meilleur ami de mon père. Le meilleur ami de mon père. Ceux qui aiment mon père. Ceux qui pleurent mon père. Il me semble que je ne pourrai plus jamais croiser le regard de ceux qui aiment mon père. Leur voix qui déraille, les yeux qui s'embuent. Je préfère cueillir des cerises sur la plus haute branche *tu as le cœur à rire, moi je l'ai à pleurer*. 150 cerises. Elles couvrent le fond du seau, elles ne font plus *ploc ploc* quand je les lance. Le corbillard est là. Coincé entre ceux qui se sont garés n'importe où et ceux qui arrivent encore. Tous ceux qui t'aiment t'empêchent de rentrer chez toi, Papa. Laissez-nous tranquilles ! La longue voiture noire que vous bloquez, c'est le corbillard de mon père. Cela signifie qu'à l'intérieur il y a un cercueil, avec tous les morceaux de son corps qu'on a retrouvés. Vous n'avez qu'à le secouer pour y croire. C'est ça ! Sortez le cercueil, secouez-le. Laissez la maraca monstrueuse rythmer vos larmes et fichez le camp. Je ne veux pas voir dans vos yeux que je suis une fille sans père.

– Ton père me manque, Sylvia. Je n'arrive pas à croire que je ne le verrai plus.

Arrête de pleurer, je compte les cerises. Arrête de pleurer, fichez le camp avec votre peine. Ne compte pas sur moi, Yvan. Ne comptez pas sur moi, les adultes. Ce n'est pas parce que mon père est mort que je dois m'occuper de vous. C'est vous, les grands. Moi, je suis une petite fille qui cueille des cerises pour sa maman parce que son papa est mort, je ne suis plus la même, mais je ne sais pas encore qui je suis, je ne sais pas encore ce que c'est, d'être une fille sans père.

Il me faut du temps, et pas vos larmes, il me faut des cerises dans un seau, il me faut la plus haute branche, *il y a longtemps que je t'aime,* celle d'où je peux disparaître moi aussi, *jamais je ne t'oublierai,* si le vent se lève, si le seau est trop lourd, si je pleure et que mes larmes la rendent glissante. C'est pour cela que je ne pleure pas : pour ne pas rendre glissante la branche qui me soutient. Je n'ai plus que cela, une branche, pour me soutenir. Plus de père, plus de mère. Une femme qui vient de perdre l'homme qu'elle aime n'est pas en état de soutenir qui que ce soit. Perdre mon père, c'est aussi perdre ma mère. Mais aucun adulte ici pleurant ne mesure cela. Ils en sont à étalonner leur peine.

– Le corbillard est là, Yvan. Tu pourrais peut-être aller faire la circulation…

190 cerises. 230 cerises. Ils sortent le cercueil. Ils le portent à bout de bras, au-dessus des voitures. Deux hommes en noirs, Yvan, François, Arthur et Jo. Les amis de mon père, ceux avec qui il était, au lieu d'être avec nous, portent à bout de bras le cercueil dans lequel repose mon père moins deux doigts. Le repos de mon père. Tu te reposes, Papa ? Tu as appris cela où ? À la formation que tu as suivie le week-end dernier pendant

que je m'occupais de mes sœurs ? OK. Tu es mort. Je n'irai pas vérifier dans le cercueil. Admettons que j'admette. Admettons que c'est vrai. Tu es mort. Mais le repos éternel, ça non. Ce n'est pas du tout ton genre. Ne viens pas me la faire. OK ? Fais-moi un signe, Papa ! Laisse rouler un moignon pour déséquilibrer le cercueil, envoie-moi un rossignol sur la plus haute branche, montre-moi quel mort tu es ! Il me semble que l'état de mort ne doit pas changer la personnalité. Donc tu es là, tu bouges, tu ne te reposes pas. Cet état peut remettre les choses à leur juste place : donc au lieu de t'occuper du monde entier, tu t'occupes un peu de ta famille. Ce n'est pas trop demander ? 310 cerises. Il faut 120 cerises pour faire rentrer chez lui le cercueil d'un homme que tout le monde aime. Est-ce toi qu'ils pleurent ou la fragilité de leur propre existence ? Ton corps en miettes avance au-dessus des voitures, mais ton esprit ? *L'âme du défunt survit après sa mort et protège sa descendance.* Je suis ta descendance. Assise sur la branche la plus haute du cerisier dans lequel, enfant, tu venais te cacher. Est-ce ici que ton âme est venue faire le point de la situation ? Veiller sur ta descendance pendant qu'elle joue à la balançoire et cueille des cerises pour la femme que tu as mal aimée ? Où voulais-tu que j'aille ? Où puis-je te trouver ? Te sentir présent ?

– Je viens d'apprendre la nouvelle…

– Manu ? Qu'est-ce que tu fais ici !

– Laisse-moi deux minutes, je te rejoins.

– L'arbre n'est pas assez solide pour deux. Et je ne veux plus te voir. On avait décidé cela, Manu. Aucun contact.

– J'ai pensé que tu aurais besoin de moi…

– Et quoi ? Je descends et tu me prends dans les bras ? Et tout le monde voit que nous sommes ensemble ? Que la fille de Didier Seurat sort avec le stagiaire de Didier Seurat ? Tu n'as plus peur de te faire renvoyer, maintenant qu'il est mort, c'est ça ?

– Arrête, Sylvia.

– Fiche le camp. Parce que oui, j'ai besoin de toi, oui, j'ai envie d'être dans tes bras et non, je ne veux pas faire semblant. Je veux te chasser de ma vie, je veux ne plus jamais penser à toi et à tes promesses, je n'en peux plus, Manu, tu peux comprendre ? Descends ou je te balance 360 cerises !

Le seau est vide et je suis dans les bras de Manu sur une branche incertaine. Personne ne peut nous voir. Qu'importe, pour l'instant, que je sois cachée ou pas. Je suis dans ses bras, je suis chez moi dans ses bras, je me sens entière. C'est cela le signe, Papa ? Tu m'envoies Manu ? Tu t'arranges pour qu'il veille sur moi ? Tu me montres qu'il m'aime vraiment ?

– Ta mère t'appelle.

– Descendons.

– Descends, toi. Je reviendrai plus tard ou je t'appellerai. Je voulais te dire que je suis là, que je t'aime, Sylvia. Tu le sais ? Tu sais que je suis là ?

– Je sais que je t'aime.

8

– Ça va, ma puce ?
– Ça va.

Que dire d'autre ? Je ne peux pas dire à ma mère que Manu est revenu, qu'il m'aime, que je viens de passer quelques minutes dans ses bras et que je vais bien. Je ne peux pas lui dire que nous avions rompu parce que je ne supportais plus les excuses qu'il trouvait pour que notre amour reste secret. Je ne peux pas lui dire que c'est à cause de Papa, que Manu avait peur. Je ne peux pas dire à ma mère *Papa est mort mais ce n'est pas grave, je suis amoureuse, j'ai la vie devant moi, celui que j'aime est monté sur la plus haute branche du cerisier pour me dire que si moi je ne voulais plus le voir, lui, il ne pouvait imaginer sa vie sans moi.* On ne dit pas cela à une femme qui vient de perdre l'homme de sa vie et se retrouve du jour au lendemain seule avec leurs trois enfants.

– Il paraît que ton père avait une assurance, il avait tout prévu avec la société des pompes funèbres. Ils ont besoin du dossier. Je suppose qu'il se trouve dans la caisse que tu as ramenée. Tu veux bien regarder ? Tu as mangé quelque chose ? Marie a préparé des sandwiches, va te servir tant qu'il en reste. Je n'ai pas envie que quelqu'un d'autre aille voir dans cette caisse, mais c'est un peu au-dessus de mes forces d'y aller maintenant, tu comprends ?

Manu m'aime. Rien n'est au-dessus de mes forces. Je suis capable d'aller chercher un dossier dans la caisse que mon père avait préparée au cas où il lui arriverait quelque chose. Il lui est arrivé quelque chose. Il lui est arrivé de mourir. Hier. Il lui est arrivé de décrocher un portable, de dire à sa fille qu'il n'était pas fâché parce qu'elle ne voulait plus vivre avec lui, et de mourir. Il y a moins de 24 h, il me disait qu'on en parlerait. Plus tard. Bang. Il y a moins de 24 h, j'essayais de faire des projets, d'aménager ma vie pour m'y sentir mieux, de regarder devant, même si devant, il n'y avait plus Manu. Aménager ma vie, c'était ne plus vivre avec Papa. Bang. Et Manu revient dans mon avenir. Quelle fille suis-je, pour avoir le sourire aux lèvres en sortant le dossier que mon père a préparé au cas où il mourrait, moins de 24 h après son décès ?

Cela fait un mois que nous ne nous étions plus vus. Nous allions nous revoir en septembre, mais d'ici là, nous avions convenu de n'avoir aucun contact. Impossible, sinon, de faire le deuil. Pendant les examens, j'avais pu gérer. Je me suis concentrée sur la matière à ingurgiter, comme une drogue pour ne pas penser, ne pas craquer, ne pas être triste, ne pas l'appeler. Mais depuis, et malgré toute l'énergie que je déployais pour me convaincre qu'il ne m'aimait pas assez, pas bien, que je valais et voulais mieux, depuis la fin des examens, j'avais l'impression d'être remplie d'une tristesse sourde, latente. Comme si une part de moi était éteinte. N'est-ce pas un signe ? S'il débarque ici malgré notre rupture et sa promesse d'en respecter les conditions, cela ne signifie-t-il pas qu'il tient à moi ? Si je me sens si sereine rien que d'avoir passé quelques minutes dans ses bras, cela ne veut-il pas dire que nous ne pouvons rien contre cet amour ? Et qu'il débarque au moment même où je demande à Papa de veiller sur moi, n'est-ce pas un signe ?

Ils ont installé Papa dans la salle à manger. Le hall et le salon sont remplis de fleurs et de couronnes. Trop de monde pour s'asseoir. La cuisine sert de fumoir et la fumée des cigarettes se mêle à celle, écœurante, du café. Maman est livide. Droite et raide sur un tabouret. *Voici le dossier que tu voulais.* Les gens sont si nombreux à parler à voix basse que cela fait un brouhaha lourd, étouffant. *Il a transformé ma vie / C'est toujours les meilleurs qui s'en vont les premiers / Je n'ai jamais rencontré quelqu'un de si bon / Il était si jeune / Nous devions nous voir demain / Nous allions partir en randonnée dans quinze jours / Je pouvais toujours l'appeler quand je n'en pouvais plus / C'est lui qui m'a aidé, quand j'ai perdu mon boulot / C'est grâce à lui que mon fils a repris confiance en lui / C'était mon meilleur ami / Sans lui, j'aurais perdu ma jambe dans le Jura / Depuis qu'il nous a rejoints, on a sauvé huit sentiers / C'était le parrain de ma fille, de mon fils, de la voisine, de la cousine, du neveu...* J'ai envie de crier *c'était mon père et vous me l'avez volé ! Vous avez sucé sa force, son temps, son énergie, mais vous avez oublié qu'il avait une famille ! Ça ne vous a pas traversé l'esprit, ça ? Faites le calcul et dites-moi qui, selon vous, va payer l'addition, pour tout ce que le saint homme des bois vous a apporté ? Savez-vous que je faisais tourner une lessive pendant qu'il réparait votre clôture, savez-vous que pendant qu'il donnait des cours particuliers à vos enfants je devais faire mes devoirs toute seule ? Savez-vous qu'il avait tout prévu pour son décès, mais qu'il n'était pas foutu de remplir le frigo quand nous arrivions chez lui pour une semaine?* Mon Dieu, Papa, d'où me vient toute cette rage? Je ne pourrais pas pleurer, comme tout le monde? Es-tu vraiment dans ce cercueil? Est-ce possible que tu sois là, comme un père en kit qu'il n'y aurait plus qu'à assembler? Je ne suis pas capable de m'éloigner. Ce qu'il reste de toi est devant moi, dans une caisse de bois verni. Si je tends la main, je touche ton cercueil. Est-ce possible? Nom de Dieu, Papa, dis-moi que ce n'est pas vrai, sors de là et crie « Surprise », ne laisse pas ma main toucher le cercueil dans lequel ils ont mis ton corps mort. Je ne veux pas me souvenir d'avoir touché ton cercueil. À partir d'aujourd'hui, je ne veux plus jamais sentir l'odeur des lys du Japon. Je veux me réveiller demain dans les bras de Manu qui me dirait *j'ai dit à ton père que nous nous aimons, il est content pour nous.*

Tout le monde m'embrasse ou me serre la main, Albert, Josette, Jan, Caroline, Romain, Claire, Nora, Isabelle, Véronique, Érika, Paul, tante Unetelle et monsieur Jenesaisqui. C'est marqué sur mon front, je le vois dans leurs yeux: fille au père mort. Si je les écoute je vais pleurer, si je les regarde je vais pleurer, si je pleure je serai incapable de m'arrêter, je deviendrai un fleuve, mon chagrin emportera tout sur son passage, il ne restera à la source du fleuve que Sylvia-la-lyophilisée et on pleurera sur ma poussière et je reprendrai forme et je verrai le cercueil de mon père et tous ces gens autour et je pleurerai, je me lyophiliserai, encore et encore, les randonneurs emporteront la fille de Didier Seurat en randonnée, c'est pas lourd, pas encombrant, une fille lyophilisée, c'est toujours pratique, quand on a soif, une fille qui pleure comme un fleuve dès qu'on lui parle de son père mort mais je ne les écoute pas, je ne les vois pas, je ne suis pas triste, j'ai la rage, tu fais chier, Papa.

– Va faire un tour, Sylvia. Ça ne sert à rien de rester là. Tu te fais du mal.

Je me fais du mal ? Allez vous faire foutre, bande d'adultes. Je vais faire un tour. 1853 pas aller, 1853 pas retour. Je vais faire la vaisselle, je vais faire tourner une lessive, je vais changer les draps et replier les cartes. Personne n'a envie de savoir que Didier Seurat laisse son appartement dans un tel état quand il part mourir sur les routes.

– Diane ? C'est Sylvia. Mon père est mort. J'ai besoin de toi. On se retrouve chez lui.

9

En deux heures nous avons tout rangé. Sans rien dire. Avec Diane, c'est comme ça. Elle comprend tout, on n'a pas besoin de parler. Quand nous avons quitté l'appartement, il était prêt à nous accueillir, Line, Lola et moi. Comme si Papa nous attendait pour la semaine avec un frigo vide.

– Et John ?
– Il est chez ma mère.
– On y va ?
– OK. Compte tes pas.

Lola est couchée sur le cercueil. Personne n'ose rien lui dire. Elle parle à Papa. Elle lui dit de se réveiller. De toquer dès qu'il est prêt. Maman est pétrifiée. Line explique à John qu'il a intérêt à être propre et à ne pas avoir des puces sinon on le met dans une boîte aussi. Il faut que j'y aille. Il faut que j'aille près de mes petites sœurs. Il faut que je m'approche du cercueil de notre père, que je leur donne la main, que nous soyons ensemble, que je leur explique je ne sais pas quoi. Mais je ne bouge pas. C'est Line qui vient me chercher, qui me donne la main et me dit *viens avec nous, on va dire bonsoir à Papa avant d'aller dormir.* Alors Lola descend du cercueil, elle me donne la main. Dans chacune de mes mains, je tiens une petite main. Je tends nos mains enlacées jusqu'au bois verni, *bonne nuit, Papa.* Je revois tous les soirs où je filais dans ma chambre sans lui dire au revoir. *Bonne nuit, Papa.* Je revois tous les soirs où je lui faisais la tête quand il rentrait et que j'avais dû mettre les petites au lit moi-même. *Bonne nuit, Papa.* Je revois le premier soir où nous avons été dormir dans son appartement. Je m'étais relevée pour lui demander s'il comptait installer la télévision bientôt. Il pleurait. *Bonne nuit, Papa.* J'entends les rires de Line et Lola qu'il chatouillait jusqu'à ce qu'elles hurlent *bonne nuit, Papa.* Line se penche et embrasse le cercueil, Lola fait pareil. Je me penche, j'embrasse le cercueil de notre père, et je pleure enfin. Deux petites mains serrent très fort les miennes. Deux grands bras nous enlacent. *On va y arriver, les filles. On va traverser ça. Votre père vous aime, son amour est toujours là, il va nous aider. Il va continuer à veiller sur nous, je le connais.* Où es-tu, Manu? J'ai besoin de toi. Qui es-tu pour me laisser seule ? Est-ce cela, ta manière de m'aimer ? Tu crois que ce sont les bras de ma mère qui peuvent me faire du bien ? Mais quand je me relève, quand je lâche les mains de mes sœurs pour me retourner, il est là. Il fait comme si nous ne nous connaissions pas, mais il est là. Je fais quoi ? Je lui saute au cou ? Je l'embrasse ?

– Qu'est-ce que Manu fiche ici ? Vous n'aviez pas rompu ?

– On s'est retrouvés.

– Ah oui ? C'est pour ça qu'il t'ignore en public ?

– Une chose à la fois, Diane.

– Fais gaffe à toi, Sylvia. Tu ne crois pas qu'il t'en a déjà assez fait voir ?

– C'est différent maintenant.

– Ben tiens. Tu veux que je reste dormir ?

– On dort dans le même lit, avec ma mère et mes sœurs. Je crois qu'on a besoin de ça.

– D'ac. Je passerai demain.

Diane a à peine quitté l'allée que Manu m'entraîne dans les sapins. Il ne supportait pas d'être loin de moi, de me savoir en souffrance et d'être chez lui à tourner en rond. D'ailleurs il a compris cela, durant le mois de juin. Il est malheureux loin de moi, il veut rattraper ces semaines, que nous passions le plus de temps possible ensemble. Si je veux bien. Oui, je veux bien. Bien sûr. Je ne demande que ça. Mais là, il doit partir, sa mère va s'inquiéter.

– Tu n'as pas dit à ta mère que tu venais ici ?
– Je lui ai dit que ton père était mort. Que j'allais rendre visite.
– Tu lui as dit, pour nous ?
– Ce n'était pas le moment.
– On doit encore se cacher ?
– Un petit peu, si tu veux bien. Attends-moi encore un petit peu, tu veux bien ?

C'est quoi, un petit peu, quand on a dix-sept ans et qu'on est avec un gars depuis six mois ? C'est quoi, le moment ? C'est quoi, le problème ? Ce n'est plus mon père, le problème ! Il ne risque plus de perdre des points ou de se faire jeter de son stage. Il ne risque plus d'être jugé par ses amis parce qu'il est avec la fille de son maître de stage.

– Je voulais faire mon travail de fin d'études avec ton père.
– Ah bon ?
– Je voulais dresser un état des lieux complet des sentiers existants, de ceux qui pourraient être réhabilités, construire un

projet pédagogique autour de cela. C'est un outil magnifique pour aborder l'étude du milieu. Géographie, histoire, tout y passe et c'est très concret, pour les élèves.

– Tu en avais parlé avec lui ?

– Oui. Je devais faire des recherches pour la fin septembre, on devait en reparler après. Il était partant.

– Pourquoi tu ne m'avais rien dit ?

– Cela s'est décidé en juin. Tu ne voulais plus qu'on soit en contact, toi et moi.

– Tu as choisi ce sujet pour te rapprocher de moi ?

– Non. C'est vraiment un sujet qui me passionne, et ton père s'y connaissait bien.

– On aurait dû attendre que ton travail soit fini pour ne plus se cacher ?

– Mmm.

– Et maintenant ?

– Maintenant je dois chercher un autre maître de stage…

– Demande à Yvan.

– … maintenant, je veux surtout être avec toi. Je t'aime, Sylvia.

– Je dois rentrer.

Tout est propre, rangé, les amies de Maman ne font pas les choses à moitié. Maman est allongée sur le divan, elle regarde le plafond. Il y a un mois que j'apprends à vivre sans Manu dans mon cœur. Je dois garder les pieds sur terre. Rester ancrée à la réalité qui est la mienne.

– Tu as mangé, Maman ?
– Non. Et toi ?
– Je réchauffe une pizza ?
– Bonne idée.

– Quand vous vous êtes rencontrés, toi et Papa, vous avez attendu combien de temps pour le dire ?

– On s'est rencontrés dans une randonnée organisée par une amie commune. Tout le monde a été au courant avant nous !

– Tu n'as jamais eu un amoureux secret ?

– Après ton père, plusieurs.

– Et avant ?

– Deux. Le premier disait que si sa mère l'apprenait, elle le priverait de sorties, d'argent, que nous ne pourrions plus nous voir. Elle lui disait qu'il devait se méfier des filles, qu'elles s'arrangeaient pour se faire mettre enceintes, juste pour garder leur gars. L'autre, c'est plus compliqué.

– Dans le genre ?

– Je pense qu'il avait peur de s'engager. Montrer aux autres que nous étions ensemble, c'était une sorte d'engagement. Il n'était pas prêt à cela.

– C'est toi qui les as quittés ?

– Non. La mère du premier l'a appris, et j'ai rencontré ton père deux semaines après que le deuxième m'a annoncé qu'il avait rencontré la femme de sa vie.

– Tu as été heureuse avec Papa ?

– Non. Mais je l'aimais.

– Je pense que l'amour doit rendre heureux.

– Il est mort et je suis malheureuse. Tiens, il a laissé une lettre à ton nom, dans la caisse avec ses papiers.

10

«Ma belle Sylvia,

Vous venez de partir, tout est vide ici sans vous. Tu as oublié de me dire au revoir. Tu as fui tout contact avec moi cette semaine. Il me semble parfois n'être qu'un étranger pour toi. Pourrais-je un jour rattraper cela? Parce que c'est moi, le responsable de ce désastre.

Je suis devenu père il y a un an, quand ta mère m'a quitté. Tu en avais treize. Que s'est-il passé avant? Tu es trop jeune pour que je te parle de cela. Ou est-ce moi, encore moi, avec ma difficulté à parler de ce que je ressens. Alors je t'écris, je t'écris cette lettre. Je vais te parler de moi, de nous, de ce lien perdu. De ces années manquées. S'il m'arrive de disparaître avant d'avoir pu t'en parler, au moins tu auras ces pages. Ces pages maladroites et tâtonnantes.

J'ai rençontré ta mère. Mon premier et mon seul amour. Je commençais à enseigner, quand tu es née. La femme que j'aimais portait notre enfant, mettait au monde notre enfant. Cela n'a pas fait de moi un père. Bien sûr, je veillais sur vous, je gagnais ce qu'il fallait pour que vous ayez tout ce dont vous aviez besoin. Je pensais que c'était cela, être père. Ta mère s'occupait de toi, elle t'apprenait à marcher, à parler, te chantait des chansons, elle habillait tes poupées. Une mère si parfaite, si aimante que je pouvais, de mon côté, m'investir à fond dans mon travail. J'aime former des jeunes, j'aime les éveiller à l'univers, à l'histoire du monde et aux strates rocheuses, j'aime leur parler des fleuves et des frontières. J'ai tout délégué à ta mère, sans penser un instant qu'être père, c'était autre chose. Je pensais aussi être un bon mari. Même si je n'étais guère romantique, même si se donner la main, se prendre dans les bras, n'étaient pas des élans naturels pour moi. Je mettais l'amour ailleurs que dans les gestes et dans les mots. Que pouvais-je savoir de l'amour? Mes parents ne se sont pas aimés. Ils ne m'ont pas désiré. Je viens d'un passé sans amour. Ceci suffit-il à expliquer cela? Ou bien encore, le sentiment paternel, maternel, amoureux, ne sont-ils pas à la portée de tous? Peut-être suis-je une sorte de handicapé affectif. C'est ce que ta mère pense. Je fais de mon mieux avec ce que je suis. Elle m'a suggéré d'aller voir un psy, franchement, ce n'est pas mon genre.

Que pourrais-je lui dire ? C'est comme si depuis toujours la famille, le couple, étaient des territoires trop étroits pour moi. Vous êtes ma famille, mais le monde est si vaste. C'est comme si ma place dans le monde était ailleurs. J'aurais pu y penser avant d'avoir des enfants, dois-tu te dire. Sauf que durant ces années, je croyais vraiment être un bon père, un bon mari. Je pensais que c'était cela, aimer sa famille : veiller sur elle. Veiller à ce que les miens aient tout ce dont ils ont besoin. Ta mère a souffert de mes piètres capacités affectives. Au début, je suppose que la maternité a « compensé ». Il nous a fallu longtemps, pour qu'une deuxième grossesse soit mise en route. Mais là, on en a eu pour notre attente. Deux pour le prix d'une. Ces cris, les besoins incessants, les nuits ponctuées de pleurs,… c'était au-dessus de mes forces. J'arrivais au cours épuisé, je n'avais plus d'énergie pour préparer convenablement la matière, je me suis protégé en restant plus encore dans mon bureau, en y dormant régulièrement pour me garantir un sommeil convenable. Et un jour ta mère m'a annoncé qu'elle me quittait. Je n'avais rien vu venir. Tes sœurs avaient un an. Moi qui avais toujours tout délégué à ta mère, je me suis rendu compte que si je ne me bougeais pas les fesses, je vous perdais. Suis-je devenu père à ce moment ? Quand j'ai compris que je pouvais vous perdre ? Disons que quelque chose s'est éveillé en moi. Puis nous avons commencé la garde alternée. Je me débrouillais mal. Je n'avais jamais cuisiné, je n'avais jamais fait tourner une lessive, je n'avais jamais nettoyé une maison. Je me débrouillais mal, mais j'y arrivais, en faisant rétrécir tes vêtements ou en oubliant de saler les légumes. Jusque-là, j'étais encore un père qui veille (malgré ses moyens limités) à ce que tout soit bien pour les siens. Je n'avais encore rien compris. Rien senti, devrais-je dire.

Un vendredi soir, ta mère a déposé tes sœurs au milieu du salon avec les recommandations d'usage et quelques larmes dans les yeux. J'étais assis sur le canapé avec une pile de corrections. J'ai regardé Line et Lola qui s'agrippaient déjà aux chaises. Elles ont tendu leurs bras vers moi et ont fait leurs premiers pas, toutes les deux en même temps. Et quand j'ai senti contre moi leurs petits corps, Sylvia, après ces quelques pas, les premiers de leur vie, qu'elles avaient faits pour être près de moi, j'ai senti quelque chose de chaud, de puissant, de nouveau, envahir mon corps. Une sensation physique incroyable. Jusqu'à ce moment, ma chérie, j'avais été un père « par la tête ». Je venais de découvrir l'amour paternel. Il m'est tombé dessus quand tu avais treize ans. J'étais passé à côté de ton enfance. Je mesure aujourd'hui à quel point il est difficile de rattraper un tel vide. C'est comme si nous étions en quelque sorte étrangers l'un à l'autre. Et pourtant, je t'aime. Je ne sais ni le dire, ni le montrer, mais le sentiment d'amour que j'ai découvert ce soir-là a été éveillé par les premiers pas de tes sœurs et il te concerne, toi aussi.

Peut-on récupérer ces années ? Comment ? Je me sens maladroit avec toi. Je fais tout de travers, je dis mal les choses, je suis sans cesse à côté de la plaque. Je t'aime et je n'ai pas tes codes. Je t'aime et je ne suis pas fichu de te le dire. J'ai peur, sans doute, que ta réponse soit une porte qui claque, des mots acérés ou un regard glacé. Mais nous avons encore des années devant nous. Nous prendrons le temps qu'il faut. Je laisse cette lettre dans ma caisse, « au cas où ». Au cas où je n'aurais pas eu le temps ou le courage ou les moyens, de te parler de tout cela. Et de te dire que j'aimerais tant te prendre dans mes bras et te dire je t'aime, ma belle, je suis fier de toi, ma grande fille chérie. Si fier de toi.

Papa. »

– Je peux lire ?
– Pas maintenant.
– Allons dormir…
– J'arrive. J'ai besoin de rester un peu près de lui.

Et je fais quoi, maintenant ? Je te pardonne ? J'oublie tout ? J'efface l'ardoise ? Je mets le feu à ton cercueil et on recommence à zéro ? Tu as écrit cette lettre il y a trois ans. Et tu es mort ! Tu as laissé un pot de peinture pour ma chambre dans ta caisse, « au cas où » ? D'autres lettres avec tout ce que tu n'arrivais pas à me dire ? Je t'en veux, Papa, je t'en veux, t'as pas idée comme je t'en veux. Je t'en veux d'être mort. Si vite, sans prévenir. Je t'en veux, de nous laisser tomber. De nous laisser sans toi. Je déteste que tu sois mort. Pigé ? Et si tu avais écrit d'autres lettres ? Et si tu avais laissé d'autres traces de toi ? 1853 pas. Il faut que je sache.

Trois cérémonies sont importantes : les funérailles, le 49e jour et le 100e jour après la date du décès. Au 49e jour, ils arrêtent de donner un repas symbolique au défunt. Ils continuent à alimenter sa présence invisible. Le disparu est là, sans être visible. Son esprit n'est plus dans la maison avec ses proches comme durant les 48 premiers jours. On place un autel provisoire à hauteur d'homme. Il faut s'occuper du mort pour qu'il ne soit pas trop bouleversé ou perturbé.

11

– Il est cinq heures du matin, où étais-tu ?

– Chez Papa. J'ai préparé ses funérailles.

– Qu'est-ce que tu dis ?

– J'ai préparé les funérailles de Papa. Il voulait que je le fasse, Maman. Je crois qu'il voulait que je le fasse, je ne sais pas expliquer cela.

– On verra ça demain. Dors.

Dormir ? Je viens de passer quelques heures plus proche de Papa que je ne l'ai jamais été. Tu es là, Papa ? C'est bien ça ? C'est ta présence que je sens ? *Le disparu est là, sans être visible.* Tu es bouleversé, perturbé ? Nous aussi. Nous sommes perdues, bouleversées, perturbées. C'est quoi la vie avec un père mort ? Suis-je encore un enfant ? Ta mort m'envoie-t-elle dans le monde des adultes ? J'ai toujours pensé qu'on changeait de génération quand on devenait parent, mais la perte d'un parent n'a-t-elle pas les mêmes conséquences? Je suis entrée chez toi et je n'ai plus rien décidé. J'ai eu l'impression que tu étais en moi, que tu me remplissais d'une force que je ne connais pas, est-ce possible? Suis-je folle? Le choc de ta mort peut-il faire perdre la raison aux membres de ta famille? Tu m'as ramenée vers ce livre qui traite du culte des ancêtres au Vietnam. J'ai relu les phrases que tu y avais soulignées. *Une pratique sociale, pas une religion. / Il n'y a pas de séparation, pour les Vietnamiens, entre le monde des vivants et le monde des morts. / Le but du culte des ancêtres est de prolonger un complexe émotionnel intense qui lierait de manière indissoluble les vivants et les morts.* Et si le complexe émotionnel n'était pas intense avant le décès? Peut-on imaginer qu'il puisse trouver son intensité après? *Le culte des parents est en général pris en charge par le fils le plus âgé du défunt. Si le défunt n'a pas de fils, c'est la fille aînée qui le fera.* Je suis la fille aînée de Didier Seurat. C'est à moi que revient la charge du culte. Est-ce cela que tu voulais me faire lire? Est-ce cela que je dois comprendre? Tu veux que je m'occupe de la cérémonie? *La mort seule n'ouvre pas le chemin à la vie future. Le rituel est nécessaire. Il est l'expression de la piété filiale. Chaque personne fait partie de deux familles (paternelle et maternelle) ; le sentiment qui relie cet ensemble est la piété filiale. / Ce rituel renvoie à des choses terrestres. Grâce à lui, le défunt partage les peines et les joies de ses descendants, ils s'en réfèrent à lui et lui confient ce qu'ils vivent, il les suit dans leur quotidien. / Ce rituel est en quelque sorte un « sens de la famille », une forme qui permet aux morts et aux vivants d'être reliés par des liens tels que la solidarité et le respect.* D'accord, Papa. On va te faire un rituel. Je ne me vois pas faire semblant que tu manges avec nous pendant 49 jours, je ne me vois pas demander à tout le monde de s'habiller de gaze blanche, pas plus que je ne monterai sur le toit pour y crier trois fois ton nom, et je ne fabriquerai pas un mannequin de soie blanche pour que ton âme s'y glisse. Je vais adapter. S'il y une chance que tu sois un tant soit peu présent durant 49 jours encore, je prends, je tente, je ne rate pas l'occasion. Et surtout, Papa, je veux te dire au revoir autrement qu'avec un portable. Nous avons peut-être déjà raté assez de choses ensemble, on va réussir tes funérailles. Tu vois, je m'en réfère à toi, je te parle, je te tiens au courant. J'ai l'impression de te parler sans cesse, depuis que tu es mort. Comme si tu étais là chaque instant, à portée de main, toi qui étais toujours ailleurs.

Jusqu'à ce moment, j'avais encore une relative maîtrise de la situation. En dehors du fait que ma rage et mes rancœurs avaient disparu. *Le culte des ancêtres, pour un individu, ne concerne que la lignée paternelle.* Non seulement je suis la fille aînée, mais le décès de Papa faisait de moi la plus âgée de ma famille paternelle. La chef de clan, dirait-on au Vietnam. Celle sur qui repose le culte des ancêtres. J'ai 17 ans et je suis la plus âgée des Seurat. Celle sur qui Papa compte. Voilà ce qui est arrivé : la certitude que Papa comptait sur moi. Et à cela, je n'ai jamais pu offrir la moindre résistance, qu'il s'agisse de m'occuper de mes sœurs, de faire la vaisselle ou de réchauffer des pizzas. « Papa compte sur moi » fait de moi l'objet de sa volonté. Mort ou vif, même combat. Je me suis assise à son bureau, j'ai écrit un texte que je lirai durant la cérémonie de son enterrement, puis j'ai préparé le reste. Est-ce vraiment moi qui écrivais ? Il me semblait que c'était lui en moi. Il me dictait ce qu'il voulait que je dise aux autres. C'était comme une lutte sans espoir entre son esprit et le mien. Mon esprit lui demandait d'arrêter, de me lâcher, de me laisser être une petite fille qui a perdu son papa, de me laisser pleurer, merde à la fin. Et son esprit était calme, inflexible : *écris, Sylvia, écris-moi cela. C'est avec ta main et avec ta voix que je vais parler de la mort et de la vie, pour la dernière fois.* La rage me revenait, mais aussi une grande paix, le sentiment d'être porteuse d'une mission que moi seule je pouvais mener à bien, si proche de lui je me sentais à cet instant.

– Sylvia ?

– Mmm…

– C'est quoi, ce que tu as préparé ?

– J'ai trouvé des morceaux de musique qu'il aimait, j'ai écrit un texte, avec ce que je pense qu'il voudrait que je dise pour ouvrir la cérémonie. J'ai une autre idée, mais je voudrais en parler avec Yvan avant.

– Tu ressembles à ton père, Sylvia. C'est incroyable.

– Physiquement ?

– Pas uniquement. Traverser ces jours en allant tout le temps chez lui, par exemple. C'est exactement son genre. Il croyait aux lieux. Au pouvoir des lieux. C'est pour cela que malgré le divorce il a voulu que je reste dans sa maison d'enfance. Les enfants ont besoin de racines, disait-il. Même si dans le passé de chaque rose il y a du fumier, elle a besoin de racines.

– Et son appartement ?

– Il voulait que vous restiez dans le même village, dans le même quartier, que vous soyez chez moi ou chez lui.

– Et maintenant, tu vas faire quoi, pour la maison et tout ça ? On va s'en sortir comment, financièrement ?

– Je ne sais pas. Je n'ai pas le courage de réfléchir à cela pour l'instant. Une chose à la fois. Comme je le connais, il aura tout prévu pour que nous soyons sans souci financier.

– On se lève ?

– OK.

– Tu sais quoi, Maman ? J'ai envie de manger un œuf avec une grosse tranche de lard. C'était son petit déjeuner avant de partir en randonnée. Avec des grands croûtons et une échalote qui trempent dans le gras.

– J'en veux bien aussi.

12

– Yvan ? C'est Sylvia. On peut se retrouver au cimetière ? Je voudrais préparer quelque chose pour Papa, mais j'ai besoin de toi… Maman restera ici, elle vient de vomir son petit déjeuner et il y a déjà des gens qui viennent rendre visite. Érika passera la journée avec elle.

– Manu ? C'est Sylvia. Je vais au cimetière avec Yvan. Si tu veux, j'en profite pour te le présenter.
– On verra ça dans quelques jours.
– C'est quoi, le problème ? Ce n'est plus mon père et ta mère ne sera pas au cimetière, que je sache. Tu as quelqu'un d'autre et tu n'oses pas me le dire ?
– Arrête, Sylvia.
– Alors c'est quoi, le problème ?
– On peut en parler une autre fois ?
– Non.
– Je ne suis pas prêt. Être ensemble devant les autres, c'est une forme d'engagement.

C'est trop tôt pour moi. Laisse-moi un peu de temps, s'il te plaît.

– On n'est plus au XIXe siècle, Manu. Tu peux avoir une petite amie sans lui avoir promis le mariage ! Et m'embrasser, me dire que tu m'aimes, ce n'est pas un engagement, ça ? Cela signifie quelque chose, pour toi ?

– Tu mélanges tout.

– Je ne mélange rien du tout. Aimer quelqu'un et le lui dire, c'est une forme d'engagement. Dire qu'on tient à l'autre, c'est aussi choisir de ne pas le laisser souffrir. Mon père m'aimait et ne savait pas me le dire, tu me le dis et tu n'oses même pas me donner la main en rue. C'est quoi, votre problème avec l'amour ? Moi, cela me rend heureuse, de t'aimer et d'être aimée de toi. Qu'est-ce que tu attends ? D'être sûr que nous mourrons ensemble après nos noces de diamant ?

– Nous ne sommes pas les mêmes, Sylvia. Tout est clair et simple pour toi. Moi, il me faut faire un chemin, vers tes évidences. Laisse-moi un peu de temps…

– Je t'aime, Manu, je te laisse le temps qu'il te faut. Mais j'ai besoin de toi.

– Je suis là, ma belle, tout près de toi.

Le cimetière est désert. C'est l'endroit du village où le ciel est le plus vaste. Au sommet d'une colline qui permet de voir toutes les collines. Papa devait aimer cette vue. On dirait une brocante de tombes. Des dalles déchaussées, des fleurs fanées, des pots renversés, des photos déplacées. Qu'est-ce que tu viens faire dans ce lieu abandonné, Papa ? Ce n'est pas ta place. Ici, les gens abandonnent leurs morts. Je suis sûre que les pots de chrysanthèmes datent de la Toussaint. Ils ont creusé un trou pour ton cercueil. Tu seras bien placé. Quand je viendrai, je verrai notre maison, la route qui y mène. Si je viens en fin de journée, le soleil me réchauffera le dos. Je viendrai lire près de toi. Maman a raison. Les lieux comptent pour moi. Pour passer avec le tracteur, ils ont écrasé une sépulture de terre. Robert 27 juin-30 octobre 2007. Tu te rends compte ? Une maman a perdu son bébé de quatre mois et ils écrasent sa sépulture pour creuser une nouvelle tombe deux mètres plus loin. Comment vais-je pouvoir protéger la tienne, Papa ? Qu'est-ce que les gens font à leurs morts, chez nous ?

– Alors, c'est quoi, ce rendez-vous secret ?

– Salut Yvan.

– C'est là qu'il vont le mettre ?

– Je suppose.

– J'arrive pas encore à y croire.

– On y réfléchira plus tard. Ce que je voudrais, c'est qu'après la messe, les gens viennent au cimetière à pied. C'est ce que Papa aurait voulu. Je voudrais que ses amis portent le cercueil, à pied, jusqu'ici, en le tenant à bout de bras, comme s'il devait toucher le ciel. Ça va être dur, mais il a assez d'amis pour qu'ils se relayent. Tu peux organiser cela ?

– Mmm…

– Le plus logique, ce serait la route que tu viens d'emprunter, mais hier, en fouillant dans ses affaires, j'ai trouvé la carte qu'il était en train de dessiner. Il y a un sentier. Deux, en fait. Le 102 et le 113. On monte les Ternes, on prend dans le bois après la sablonnière, le chemin à droite après le champ, et on arrive au cimetière par le dessus.

– Tu vas nous tuer !

– Il n'y a pas deux kilomètres.

– Ça grimpe !

– Forcément, quand on met un cimetière au sommet d'une colline, faut pas penser y arriver en luge.

– Punaise, t'es vraiment la fille de ton père, toi !

Tu es là, Papa ? Cela fait deux personnes qui me disent cela en quelques heures. Deux qui me connaissent depuis longtemps et ne me l'avaient jamais dit. Tu es là ? C'est toi qui me rends si sûre de moi ? Si forte ?

Qu'ai-je fait de ma peine ? On dirait qu'il n'y a pas de place pour elle pour l'instant.

– J'ai trouvé un livre chez Papa. J'ai adapté un peu. Il aurait voulu le cimetière, pour que nous ayons un lieu pour le retrouver, OK. Mais les messes et tout ça, ce n'est pas lui. C'est ce qu'il aurait choisi pour que nous, nous ayons ces rituels. Parce qu'il faut des rituels pour faire son deuil. J'ai inventé un rituel spécial pour lui.

Yvan me regarde comme si j'étais une adulte. Je ne suis plus la petite fille de son meilleur copain, je suis une adulte qui lui en bouche un coin. Voir le respect et l'étonnement dans ses yeux tristes me galvanise.

– Je vais mener la marche. En tant qu'aînée de la famille, c'est moi qui porterai le bâton de bambou. Comme chez les Vietnamiens, il aura pour taille la distance entre le sol et mon cœur. À la sortie de l'église, tout le monde recevra des bouts de tissu blanc, du tissu très léger. Chacun déposera son bout de tissu au fur et à mesure de la promenade, sur un buisson ou une barrière. Ceux qui ont du mal à marcher nous attendront au cimetière. Eux, ils déposeront leur tissu blanc dans la fosse, avant qu'on ne descende le cercueil. Tu en penses quoi ?

– Ton père adorerait ! Il ne voyait pas du tout la mort comme un drame ou une fin. Pour lui, c'était plutôt un passage d'un état à un autre. La promenade que tu proposes lui ressemble. Il avait peur de vous perdre, ou peur de votre souffrance, s'il mourait, mais il n'avait pas peur de sa propre mort, ça non.

– Il te parlait de moi ?

– Non. Je sais que ce n'était pas simple entre vous, mais il ne parlait pas beaucoup de ce qu'il ressentait.

– Il parlait de quoi ?

– De la vie, de la mort, du sens des choses.

– Le sens des choses ?

– Tout avait un sens, selon lui. Il pouvait passer des heures à chercher des liens, des fils. Il disait que chaque élément de l'univers est lié aux autres, que nous formons un immense « tout ». Si quelque chose semble incompréhensible, inacceptable, incongru, c'est seulement parce que nous n'avons pas encore trouvé le lien, la raison, le pourquoi.

– Donc sa mort a un sens ? Il suffit de le chercher ?

– C'est ce qu'il aurait pensé, sans nul doute. Moi pas. Nous n'étions pas toujours d'accord.

– Tu penses quoi, toi ?

– Je pense que nous ne sommes rien, et que cela ne dure pas longtemps.

Je suis un mélange des deux. Nous ne sommes rien, face à l'univers, face à l'histoire du monde. Nous sommes insignifiants et cela nous est insupportable. C'est pour cela que nous cherchons des liens, des fils. Pour supporter l'insupportable. Mais je n'ai pas peur de la mort. De ma mort. J'ai plutôt peur de mal vivre ma vie, de passer à côté de ma vie. Comme cette andouille de Manu !

– Cela doit être plus facile de penser comme Papa.

– Pas sûr. Bon, je m'en vais. Il vaut mieux que je vérifie le tracé du sentier avant. Je préférerais ne pas me retrouver coincé dans un mur de ronces avec le cercueil de ton père à bout de bras !

– Merci, Yvan.

La première cérémonie

« Papa parlait volontiers de sa mort. L'entrée dans la blanche lumière, disait-il. Mais jamais nous n'avons pensé que nous aurions un jour à nous dire *on fait quoi, pour l'enterrement de Papa ?* Il parlait si souvent de sa mort qu'elle faisait partie de notre vie. Sa mort. Mais nous n'avons jamais pensé qu'il allait mourir. Chien qui aboie ne meurt pas. Homme qui parle de sa mort ne meurt pas. Il n'était pas du genre à mourir, Papa. Il était franchement du genre à vivre. Une sorte d'amoureux de chaque minute. *Rien ne vaut la vie,* a-t-il écrit, *et si elle doit avoir un terme, qui est aussi naturel que la naissance et la puberté, qu'il vienne au moins après avoir passé avec intensité et cohérence les années qui nous sont normalement imparties.*

Nous avons tenté de faire une cérémonie qui lui corresponde… Il n'aurait voulu ni croix sur son cercueil, ni offrande. Il aimait certains textes, nous… »

J'entends ma voix qui lit ce texte, je vois les centaines de personnes rassemblées dans l'église. On enterre mon père et je pense à Manu. Aux mains de Manu.

« … Il parlait de la sérénité devant la mort, du courage de sortir des traditions de deuil et de tristesse. Du courage ? De la sérénité ? On crève, nous. On ne peut pas supporter qu'il ne soit plus là. Alors, Papa, cette fois, tu nous lâches avec ta sérénité. On n'est pas sereins. Tu comprends ? On n'a pas encore compris la vie sans toi. On est tout petits, nous… »

Manu m'attendait, les petites dormaient, Maman était à la veillée de prière. Il faisait encore clair, mais il me donnait la main *viens, je vais te montrer quelque chose*, nous sommes allés près du volcan, *tu vois ce chemin ? C'est ton père qui l'a sauvé. En dernière minute. Je ne veux même pas savoir comment il a pu prouver que quelqu'un l'avait utilisé durant les trente dernières années, mais il l'a fait. C'est le chemin de ton père.*

« Cette cérémonie a du sens, Papa. Avec ou sans Dieu, avec ou sans foi. Quand vous chanterez *credo* je penserai *credo*, je crois, Papa, que tu es là en nous, en chacun de ceux que tu as croisés, *credo,* Papa, je crois que tu es là, en moi, *credo*, Papa, je sens ta force en moi. Tu avais souligné des passages dans la *Bhagavad Gîta*: *L'homme éclairé ne s'endeuille ni pour les vivants, ni pour les morts. Il n'est pas vrai qu'il fut un temps où je n'étais pas, ni toi, ni ces rois des hommes ; il n'est pas vrai non plus qu'aucun de nous ne doive jamais, dans l'avenir, cesser d'être. Comme l'âme passe physiquement à travers enfance et jeunesse et vieillesse, ainsi parle-t-elle à travers les changements du corps. Cela ne saurait troubler ni aveugler l'homme qui trouve en soi la paix (II, 11-13). Certaine est la mort pour qui est né, et certaine est la naissance pour qui est mort ; c'est pourquoi ce qui est inévitable ne devrait te causer de l'affliction (II, 27).* Aucun de nous ne doit jamais cesser d'être. Certaine est la mort pour qui est né. Ce qui est inévitable ne saurait te causer de l'affliction. L'inévitable de ta mort me cause de l'affliction, Papa. C'est facile de parler de sa propre mort. C'est autre chose, d'être privée de toi… »

Ma voix continue à lire, mais nos vêtements sont sur un rocher, il fait noir. Nous avons chaud et nous plongeons dans l'eau glacée du cratère. Manu se moque de moi parce que j'appelle ce lieu le volcan, mais tout le monde ici le nomme ainsi. Et c'est la première fois que nous sommes nus tous les deux. Nos visages brillent à la surface de l'eau. J'aime ses yeux. Ses yeux vert tendre.

«... il y a trois jours, il a vu la lumière blanche qu'il pressentait. Était-il prêt ? Pensait-il que nous l'étions ? Y a-t-il quelqu'un dans cette église qui était prêt ? Il parlait peu de lui, il préférait rire et écouter, qui le connaît, finalement ? Et pourtant vous le connaissez bien. Il a toujours veillé sur Maman, sur nous, il a enseigné à des milliers d'élèves, il était toujours là pour les voisins, les amis, et même les chats perdus. Il était là pour tout le monde, et il m'a manqué souvent. Étrangement, je le sens là, en moi. Je suis comme remplie de lui. Après toutes ces années durant lesquelles il m'a tant manqué. Comment a-t-il fait ?... »

Nous sortons de l'eau, décidément trop glacée, couverts d'algues. Manu en enlève une, *je t'aime*, une autre, *un peu*, une autre, *beaucoup*... ses doigts font frissonner ma peau comme ses baisers. À mon tour j'enlève les algues qui le couvrent *passionnément, à la folie* nous rions de frissons, nous chantons le canon des algues amoureuses au bord du cratère interdit, nous roulons dans le sable chaud nos corps encore humides. Nos mains cueillent les grains, les font glisser et réchauffent nos peaux, la roche plane sur laquelle Manu me dépose est encore brûlante, c'est délicieux.

« *Kyrie eleison*, entends nos prières, *kyrie eleison*, tu viens nous éclairer, *kyrie eleison, gloria*, nous te louons, *gloria*, nous te suivons, *gloria*, nous te chantons, les choses que l'œil n'a point vues, que l'oreille n'a point entendues et dont l'idée n'est pas venue au cœur de l'homme, tels sont les biens que Dieu a préparés pour ceux qui l'aiment, Isaïe 64 :4 », on enterre mon père et mon dos se réchauffe sur une roche volcanique.

– Si tu comptes sept étoiles filantes, celui que tu aimes est à toi pour la vie…

– C'est vrai ?

– Compte.

– Donne-moi la main.

Et nous l'avons fait. Je ne sais plus quand et comment. Personne n'a rien décidé. C'est arrivé. Doucement. Naturellement. Sur une pierre chauffée par le soleil, sous les millions d'étoiles d'un soir d'été sans nuage. Sans douleur, sans cri, comme un corps dans une eau douce, Manu est venu dans mon ventre. Et j'ai aimé sentir la roche me griffer la peau, et j'ai aimé sa bouche psalmodier dans mon cou et j'ai aimé que cela ne ressemble à rien de ce que j'avais vu à la télé. Nous inventions les odeurs de l'amour, nous inventions les corps qui brûlent et ce que les mains font à la peau qu'elles caressent, nous inventions la lenteur. Nous étions dans la lenteur suprême. Nous venions de franchir la porte du sacré.

« J'irai vers sa demeure admirable parmi les cris de liesse et de louange… Je te louerai sur ta harpe… jour d'allégresse et jour de joie… l'amour triomphe de la mort… credo… terre entière chante ta joie… notre père… »

Mon père qui est mort, que ton nom soit gravé, que tes chemins restent tracés, sur les cartes et dans les champs, donne-moi aujourd'hui la force de vivre sans toi, pardonne-moi mes silences, comme je te pardonne les tiens, et ne me laisse pas tomber, nom d'un chien !

Mon amour qui se cache derrière une colonne, que nos mains restent enlacées de jour comme de nuit, donne-moi aujourd'hui la force de t'attendre, pardonne-moi, quand je perds confiance, comme je te pardonne pour la confiance que tu n'as pas en nous, mais viens près de moi, pitié, ne me laisse pas seule maintenant, ne me laisse pas sortir de cette église sans toi, sous les regards de tant de monde. Ne leur laisse pas penser *la pauvre petite, elle perd son père, et elle n'a pas encore trouvé un amoureux.* Ne me laisse pas penser *si tu n'es pas près de moi à cet instant, c'est que tu ne m'aimes pas.* Ne me laisse pas penser que faire l'amour n'est pas un engagement pour toi, ne me laisse pas penser que j'en ai encore pour des années à t'attendre. Mon père vient de mourir, Manu, moi, je suis vivante. Je suis vivante et j'ai besoin de toi. Tu y as pensé, à cela? Tu as pensé que tu peux mourir demain? C'est cela que mon père m'a appris cette semaine, sa dernière leçon: on peut mourir ce soir, demain, très vite. C'est maintenant, que nous sommes vivants. Maintenant, ma mère va tomber, je dois presque la porter. Tout le monde a reçu son tissu blanc, ma mère s'appuie sur moi, nous allons suivre mon père, pour sa dernière promenade. Et je ne te vois pas. Toi avec qui j'ai fait l'amour cette nuit pour la première fois.

Et lentement, comme jamais je n'ai entendu cela lors d'un enterrement, lentement et à l'unisson, tout le monde, ceux qui sont encore dans l'église et ceux qui n'ont pas pu y entrer, tout le monde applaudit. Lentement, un rythme sourd et sûr, un hommage clair et tragique, tout le monde applaudit celui que tu es, Papa, celui que tu fus. Celui que je n'ai pas connu et que je veux rencontrer.

13

– Maman ?
– Mmm…
– Il est onze heures ! Faudrait peut-être te lever… Ça va ?
– Je suis épuisée. Vidée. Je suppose que c'est le contrecoup.
– Ça ne va pas te faire du bien de passer la journée au lit. Et les petites ont besoin de toi.
– Tu pars ?
– J'ai besoin de changer d'air, je vais chez Diane. Ça ira ?

Maman est aussi blanche que ses draps.

– Vous n'avez jamais pensé à vous remettre ensemble ?
– Non. La vie conjugale ne nous convenait pas. En divorçant, on a gardé le meilleur de notre relation. Tout paraît si vide, sans lui.
– Viens manger, je partirai après.

– Je ne pourrais rien avaler.

– Lève-toi, je vais faire un tour avec les petites, on revient dans une heure. Elles ont besoin de voir leur maman debout, OK ?

On va où ? / On va faire quoi ? / On va chez Papa au cimetière ou chez Papa dans son appartement ? / On peut y aller quand c'est la semaine chez Maman ? Il nous faudra environ 3000 pas, avec leurs petites jambes. Qu'est-ce que je vais faire chez Papa avec elles ? Et si cela les perturbait ? Ai-je le droit de les emmener là sans le dire à Maman ? Est-ce mon idée ou celle que tu as glissée dans mon cerveau, Papa ? Tu es là ? Qu'est-ce que tes trois filles vont faire dans ton appartement définitivement vide de toi ? Tu crois que c'est nécessaire ? Que cela va nous aider à encoder ? Je sais que tu es mort et à la fois, je n'arrive pas encore à y croire. Le cercueil descendu dans la fosse pouvait tout aussi bien être vide. Les morceaux du corps retrouvé appartiennent peut-être à un autre dont les enfants ne savent pas encore qu'ils ont perdu leur père quand nous, nous pensons que le nôtre est décédé. Ce sont encore de vrais enfants. *On en reparlera plus tard. Bang.* Je suis bien placée pour savoir que tu es mort. *Bang*. Comment expliquer alors ce doute, ce sentiment d'irréalité ? Nous marchons, nous allons chez toi, toutes les trois, mon esprit imagine plus facilement que tu serais là, étonné et heureux de notre visite et à la fois perturbé dans ton horaire toujours serré. *Depuis qu'il est mort, Papa vient dans notre chambre, la nuit. Il nous fait rigoler et puis il nous dit de dormir parce que c'est pendant qu'ils dorment que les enfants grandissent.* J'ai rêvé de toi, le même rêve revenait sans cesse : tu me proposais d'aller ensemble au cinéma ou à un concert, et je te répondais qu'à mon âge on ne va pas au cinéma avec son père. Tu hochais la tête sans rien dire, mais au-dessus de toi, dans un phylactère, je pouvais lire : « Je disais ça pour rigoler, de toute façon il est trop tard, je suis mort. » Alors je prenais ton pull rouge et j'effaçais le contenu du phylactère. *J'ai mal aux jambes / j'ai soif / j'ai faim / je dois faire pipi / Lola dit que je suis un beignet salé / Line me tire la langue*... Votre papa est mort, mes petites sœurs… Comment vous vivez cela, vous ? Comment pouvez-vous être aussi infernales quand nous allons là où vous l'avez vu la dernière fois ? Comment pouvez-vous comprendre que vous ne le verrez plus jamais ? Vous souviendrez-vous de lui quand vous aurez mon âge ?

– J'ai une idée, les filles : on va regarder les albums photo de Papa. Chacune à son tour choisira des photos, on va en mettre dans un cadre et aussi dans un petit album, comme ça, vous pourrez les avoir toujours près de vous. C'est un peu comme si Papa était toujours là, avec vous.

– Puisque Papa est mort, on pourra sauter sur son lit ?

– Oui.

– Et manger des corn-flakes avec les mains ?

– Oui.

– Quand on est mort, on est parfois fâché ?

– Je ne crois pas. Je crois que quand on est mort, on est comme un papillon. Vous avez déjà vu des papillons fâchés ?

– Non.

Donne-moi du courage, Papa, ne me lâche pas ! Pas question que je pleure ici devant elles !

– Sylvia ? C'est Manu. Tu es où ? Je voudrais te voir avant de partir.

– Tu pars ?

– Je pars en Espagne avec mes parents, tu as oublié ?

– Je… je ne pensais plus à ça, je ne savais pas que c'était si tôt, je ne sais plus très bien quel jour on est…

– On peut se voir aujourd'hui ?

– Je suis chez mon père avec mes sœurs.

Elles sont en train de faire du trampoline sur son lit ! Après ?

– Après je dois charger la voiture avec mon père…

– Ce soir ?

– OK. Je fais tout pour que ce soit possible.

– Tu me manques.

C'est qui, ce gars qui file après l'enterrement sans rien dire, c'est qui ce gars qui me laisse des jours sans nouvelles et réapparaît pour me rappeler qu'il s'en va pendant trois semaines ? Quel est le sens de tout cela, Papa ? Le sens des choses…

– On peut ramener nos jouets chez Maman ?

– Bonne idée !

– Même ceux qu'on a reçus de Papa ?

– Bien sûr.

Mes affaires, ce que j'ai reçu de Papa… il me donnait de l'argent, pour être sûr de ne pas m'acheter quelque chose que je n'aimerais pas. Ma chambre, c'est chez Maman. Ici, devant partager la chambre avec mes sœurs, je n'ai rien apporté. Il n'y a rien à moi, dans cet appartement. Pourtant, c'est ici que je me sens bien, que je me retrouve, depuis dix jours. Peut-être est-ce cela, le sens du départ et de l'absence de Manu : je dois m'occuper de mes affaires, je dois me retrouver, je dois m'occuper de la grande absence que tu laisses, Papa. Je dois m'occuper de ce qui est arrivé à ma vie, depuis qu'une voiture t'a écrabouillé, je dois chasser les onomatopées infernales qui me vrillent la tête, je dois apprendre à vivre avec ta mort. Et pour ça, j'ai besoin d'être seule avec toi.

– On y va, les filles.

Arriverons-nous à faire les 3000 pas, chargées comme nous le sommes ? Line a un chapeau de fée rose qui clignote et une couverture Donald qui traîne sur le macadam, elle pousse deux landaus miniatures remplis de poupées presque chauves, Lola tire un chariot débordant de peluches qui tombent les unes après les autres, contre mon dos se balance un baluchon gigantesque sur lequel Mulan, Cendrillon, Blanche-Neige et je ne sais qui cueillent des étoiles aux arbres pour remplir un chaudron. Lola a mis son lecteur portable en route et nous avançons au rythme des *Rondes et chansons de France* que je ne peux plus entendre sans avoir des boutons. Je ne veux même pas imaginer la tête que tu ferais, Papa, si tu nous voyais ainsi harnachées !

14

– Yvan et Sarah vont prendre tes sœurs avec eux en vacances. J'ai besoin de me retrouver un peu seule. Et toi ?

– Je n'ai pas vraiment le cœur à partir en vacances.

– Tu ne peux pas tourner en rond ici pendant un mois et demi…

– Je ne tourne pas en rond. Elles partent quand ?

– Après demain. Dix jours. Après, elles ont le stage babyrythme.

Deux semaines sans elles, deux semaines au calme, c'est le genre de vœu que je ferais si un petit génie apparaissait pendant que je fais la vaisselle, en temps normal. Rester seule avec Maman, face à face avec sa peine, c'est au-dessus de mes forces. Ça me troue littéralement. Avec Manu de l'autre côté de l'Europe, pour couronner le tout.

– Diane part à la mer avec des amis dans

une semaine, elle m'a proposé de les accompagner.

– Quels amis ?

– Raphaël, Pedro, Vicky et Miranda.

– Raphaël, c'est celui qui est amoureux de toi ?

– Ne reviens pas avec ça, Maman, c'est un ami, c'est tout. En plus, je déteste le camping, c'est bourré d'insectes.

– Ça te fera peut-être du bien.

– Les moustiques ?

– Partir avec des amis.

La dernière fois que j'ai campé, c'était avec Papa. Impossible de fermer l'œil tellement il ronflait et les petites passaient leur journée à trébucher sur les tendeurs de la tente. Opération survie, je ne risque pas de l'oublier. Papa avait décidé que nous ne mangerions que des choses que nous trouverions dans la nature. Après 24h, Line et Lola ont eu la chiasse de leur vie. On ne fait pas du camping sauvage avec des jumelles de deux ans quand on tient à préserver une relative qualité de relation avec une adolescente de 15 ans. Avec Diane et les autres, ça risque d'être plus drôle. Une semaine hamburger frites ketchup. J'ai besoin de rire. Je ne sais plus comment on fait. Je me sens profondément triste, mais j'ai envie de rire. Une frite vodka, une ! Un zizicoincoin ketchup, un !

– S'ils partent dans une semaine, tu serais d'accord pour que je passe les jours qui viennent chez Papa ? Il faut trier ses affaires, vider les armoires. Je voudrais le faire moi-même, si tu veux bien. J'ai envie d'être un peu seule, moi aussi. J'ai envie de vivre chez lui, quelques jours.

– D'accord. À vrai dire, je ne savais pas à qui demander ça. Je me vois mal le faire et en plus, nous étions tout de même divorcés, je n'ai pas à aller dans ses affaires. Ce ne sera pas trop dur pour toi ?

– Je crois que ça me fera du bien. J'ai besoin de le faire.

– Et les repas ?

– Donne-moi un peu d'argent, je me débrouillerai. Dans un an je vis dans un kot[1], Maman ! C'est comme si j'allais faire une semaine de stage « autonomie » !

– Et si c'est trop difficile, tu reviens ici, promis ?

– D'ac.

D'un coup je me sens sereine. C'est là que je dois être. Et tant mieux si Manu est loin. Je veux être seule. Personne d'autre n'ira fouiller dans tes affaires. Je suis la gardienne de ta mémoire.

---

1. Le mot « kot » est un belgicisme (influence du néerlandais kot : débarras, petite pièce) désignant à l'origine une petite pièce de rangement. Par extension le terme désigne le logement des étudiants.

– Diane ? C'est OK, je viens avec vous.
– C'est Raph qui va être content…
– Franchement, je ne suis pas branchée. Je suis avec Manu, pigé ?
– Tu as un penchant pour les lâches ?

Qu'est-ce qu'elle en sait ? C'est si facile, de mettre une étiquette sur un comportement. Manu n'est pas un lâche. Il est complexe, mais pas lâche. Ce n'est pas parce qu'on ne comprend pas l'attitude de quelqu'un qu'on peut le réduire à deux ou trois mots. Qu'est-ce que Diane peut connaître au sentiment amoureux en sortant avec tous les mecs qui prennent le bus ? Qu'est-ce que j'y connais, moi ? Deux ou trois flirts avant Manu, des longs baisers et des frissons le long de la colonne vertébrale ? Et cette sensation, quand j'ai vu Manu la première fois, que nous étions comme deux âmes sœurs, les deux parts d'une même âme. Comment expliquer cela ? Le complexe de Peau d'âne ? Le rêve de Blanche-Neige ? Un nœud œdipien mal résolu ? (Tels sont les titres des théories de Diane sur le sujet) Toujours est-il que quand j'ai essayé de le quitter, c'est comme si un morceau de moi était mort.

– Mon cœur est pris, Diane. Tu n'as qu'à proposer tes bras à Raph, s'il a besoin de tendresse !
– C'est déjà fait mais c'est toi qu'il veut.

Bon, je suis super contente que tu viennes ! On se voit avant ?

– Je ne sais pas. Je vais passer la semaine chez mon père.

– Tu es folle ?

– J'ai besoin d'être chez lui. Toute seule.

– OK. Appelle-moi si tu veux, quand tu veux. Service copine 24h/24 !

La reine de l'efficacité s'est réveillée de sa torpeur : le temps que je parle avec Diane et maman a préparé une liste. *Mettre les vêtements dans des sacs puis dans les containers vêtements, vider le contenu de l'ordinateur sans ouvrir les documents, vider le frigo, le nettoyer, trier les dossiers (déchets papier pour les préparations de cours, les manuels, une caisse avec les documents « sentiers » à donner à l'association, des caisses pour les livres à donner), vider grenier, faire la liste des meubles à garder et à donner. Faire un sac spécial avec le matériel randonnée, on trouvera bien quelqu'un que cela intéresse, garder précieusement les albums photo. Un ou deux bacs à souvenirs, pour vous trois. La batterie de cuisine dans une caisse pour donner, le matériel de toilette, poubelle. Si tu trouves des photos de lui et moi ensemble, je les veux bien. Tout ce que tu veux avoir pour ton futur kot, tu le mets à part aussi.* Je ne mesurais pas l'ampleur de la tâche quand j'ai dit que je souhaitais vider ses armoires et trier ses affaires. Je pensais à ses vêtements, à ses effets personnels. Vider son appartement ? C'est comme si je devais faire disparaître Papa complètement.

– Tu n'es pas obligée de tout faire cette semaine. Et pas toute seule, non plus. C'est juste pour organiser un peu le travail que j'ai fait cette liste.

– Je verrai. C'est un peu trop tôt, pour moi, de vider entièrement l'appartement de Papa.

– Je comprends. On n'est pas pressées. Il était propriétaire, on a le temps qu'on veut. Tu fais comme c'est bien pour toi.

Comme c'est bien pour moi, c'est d'abord faire mon sac. Pour la première fois, j'ai envie d'apporter des choses qui m'appartiennent, chez lui. Quelques livres, des photos, des CD, mon couvre-lit. J'ai envie de m'entourer de mon petit univers. Ce qui serait vraiment bien, pour moi, ce serait d'avoir compris tout ce que j'ai compris depuis ta mort, Papa, mais que tu sois en vie. Ce n'est bien pour personne, de partir quelques jours dans l'appartement de son père, mort en plein coup de fil, écrabouillé en plein rejet filial, disparu sans avoir eu le temps de ranger ses caleçons sales.

15

Voilà, Papa, je suis chez toi. Tu faisais quoi, chez toi, quand tu étais seul ? Un thé ? OK. Tu préférais lequel ? Il y a au moins quinze boîtes différentes. Thé vert de Chine. Pas de poussière sur la boîte. Et puis ? Tu allais sur le divan lit que tu ne prenais pas la peine de replier quand nous n'étions pas là ? J'ai bien fait de changer les draps l'autre jour. Et puis ? Un morceau de musique ? Tu écoutais quoi, le dernier jour de ta vie ? Quelle est la dernière musique que tu as écoutée ? *Il barbiere di Siviglia.* Va pour l'opéra.

Je me sens bien, chez toi. Des odeurs de barbecue me parviennent par la fenêtre ouverte. J'ai faim. J'ai faim comme je n'ai plus eu faim depuis que tu es mort. Tu as quoi, dans le congélateur ? Pitié, pas de pizza ! Et dans les armoires ? Bœuf Strogonoff lyophilisé. Faut le voir pour y croire. Ne me dis pas que si j'arrose cette poudre je vais avoir un bœuf dans mon assiette ! Retour au congélateur. Des lentilles-tofu-de-Marianne. C'est qui, Marianne ? Une copine ? Une amoureuse ? Il n'y a que les femmes amoureuses pour préparer des petits plats pour les congélateurs des hommes célibataires. Une potée chou vert-saucisse-de-Marianne. Allons-y pour la potée. Manger une potée aux choux en écoutant de l'opéra, ce n'est pas inconvenant ? Tu supportes le concept ?

– Manu ? Je suis chez mon père. Pour la semaine. On peut se voir ici avant ton départ, si tu veux.

– Chez ton père ?

– Je mange du chou vert chez mon père sur un air de Rossini, ça te tente ?

– J'arrive.

Parais, mon doux espoir, viens, mon bel amour... tout espoir est vain... j'ai quitté patrie et parents et ici, la nuit comme le jour, je fais les cent pas autour de ce balcon... je veux m'assurer d'abord que c'est moi qu'elle aime. Et si c'était cela, l'angoisse de Manu, que je puisse un jour en aimer un autre que lui ? *Je ne suis pas riche, mais je vous donne un cœur, une âme aimante qui, fidèle et constante pour vous seule soupire ainsi, de l'aurore à la tombée du jour... le destin nous est favorable... fie-toi à moi...*

j'ai hâte déjà de l'instant qui m'unira à toi... heureux que je suis, tu m'aimes d'un amour sincère... je t'aimais. Doute-t-il de la sincérité de mon amour ? A-t-il peur de moi ? Veut-il me tester ? Est-ce aimer que de tester l'amour de l'autre ? D'en douter ? Et moi, puis-je aimer longtemps une ombre de promesse ? Un absent de plus ? *Réunir deux cœurs aimants est un plaisir qui n'a pas d'égal.* Personne ne nous réunira, Manu, il faut que tu franchisses le pas avant que mon amour ne s'épuise à t'attendre.

– Désolé, il m'a fallu plus de temps que prévu.

Un instant aussi heureux a coûté des soupirs et des peines, enfin mon âme aimante commence à respirer.

– Exactement le temps d'un opéra pour faire dix kilomètres, tu es venu en monocycle ?

– Et toi, depuis quand tu écoutes de l'opéra ?

– Tu ne m'embrasses pas ?

– Ça me fait bizarre d'être ici. Je ne vais tout de même pas te sauter dessus dans le lit de ton père ?

Pourquoi tout doit-il être toujours si compliqué ? J'ai envie d'un peu de légèreté. Un petit baiser sans intellect, un petit ami joyeux et sans scrupule, un petit gars qui me harcèle pour passer un moment avec moi, rions, Manu, nous sommes jeunes, nous sommes beaux, nous sommes amoureux, il y a assez de malheurs dans le monde.

– Et sur le balcon de mon père, ça va ? Tu veux un thé ?

– J'adore les nuits d'été. Ce moment où la fraîcheur monte et où l'on sent encore les pierres rendre la chaleur.

– J'adore que tu sois là.

Profiter du moment, surtout ne rien gâcher avec mes questions et mes souffrances.

– Ton père me manque.

– Moi aussi. Et pourtant je le sens tout près de moi.

Je te sens tout près de moi, Papa, et je sens les bras de Manu autour de moi, je sens son torse contre mon dos, sa voix glisse dans mon cou. Je me sens bien. À la fois heureuse et malheureuse. Est-il possible de vivre ces deux états en même temps ? Quel est le sens des choses, Papa ? Se peut-il que j'aime Manu pour ce qui vous réunit, toi et lui ? Se peut-il que ce soit toi que je cherche en l'aimant lui ? Le jour où je l'ai rencontré, je savais qu'il était ton stagiaire et que tu le trouvais génial. L'ai-je aimé pour cela ? Se peut-il que tu aies été celui qui nous réunisse et à la fois celui qui nous infligeait le secret ?

– À quoi tu penses, ma belle ?

– Je n'ai pas eu le temps de compter sept étoiles filantes, l'autre soir…

– Tu peux les compter n'importe quel soir. Il n'y a pas de date de péremption.

– C'était beau, Manu, ce moment. C'était la première fois, pour moi, tu le sais ?

– Pour moi aussi.

– Je pensais que cela faisait mal, la première fois, que c'était maladroit, pas toujours très réussi…

– On n'avait rien décidé, Sylvia, c'est venu tout seul, tout naturellement. Comme pour les animaux. Naturellement.

– Tu crois qu'on peut parfois retrouver notre part animale, oublier que nous sommes humains, laisser nos pensées de côté ?

– En tous les cas, c'est ce qui nous est arrivé.

– Et maintenant ?

– Maintenant, nous sommes très humains et remplis de pensées, mais j'aime ce moment aussi.

Voilà, ce genre de conversation, ce genre de moment, c'est précisément le bonheur pur. C'est exactement ce que je sais vivre avec lui et personne d'autre. Nous sommes là, nous oublions de boire le thé, nous regardons la nuit, enlacés, nos âmes sont si proches que notre pensée se construit, d'une réplique à l'autre dans un dialogue imprévu. J'adore. Oui, je veux bien attendre, mon amour, oui, je t'attends, oui, j'ai peur de perdre ce qui nous unit. Tout est beau en cet instant, Papa. Tout à l'heure aussi, j'ai ressenti cela, l'extrême beauté, pendant certains passages du *Barbier de Séville*. L'extrême beauté. De l'étonnamment simple avec de l'incroyablement complexe, pour faire de l'extrême beauté. *Enfin mon âme aimante commence à respirer.*

16

– Je peux passer ?
– Bien sûr, Maman.
– Je viens avec le souper.
– D'ac.

Maman vient manger ici, Papa. Il vaut mieux que je mette un peu d'ordre. Comment replie-t-on ce divan ? Je ne crois pas qu'elle va adorer Rossini. Tu as autre chose que de l'opéra ? Allons-y pour Lou Reed. Cela fait trois jours que je n'ai parlé à personne. Cela ne m'est jamais arrivé. Personne ne m'a parlé, serait plus exact. Je parle tout haut. Je TE parle tout haut. Je te dis tout ce que je fais, tout ce qui me passe par la tête. Tu crois que je deviens folle ? Il paraît que les gens qui perdent un être cher de manière brutale et imprévisible développent de fameux problèmes. Je me sens bien. Parler avec son père mort n'est pas un fameux problème. Le fameux problème, c'est que tu sois mort. Déchiqueté. Non identifiable. PMNI. Père mort non identifiable. Passer trois jours sans voir personne n'est pas un fameux problème. C'était une nécessité. Ceux qui ont un fameux problème, c'est des gens comme Diane ou Marie, qui ne savent pas rester seuls un moment. Toujours du monde, toujours du mouvement. Manu et moi on aime bien le silence. Les moments suspendus. Manu est un fameux problème. Mais pas un traumatisme. Tu es mon traumatisme. Monique a dit à Maman que je devrais voir un psy. Il paraît que j'ai attrapé ça : un stress post-traumatique. Que si je ne vais pas en parler rapidement, cela peut me mener à la drogue, aux hallucinations, aux cauchemars à répétition, sans parler des moments d'absence et de je ne sais tout quoi. Faire tout ce que je peux pour que tu me manques moins n'est pas un fameux problème. Que tu me manques à ce point et que tu sois mort, voilà le fameux problème. Mon traumatisme absolu. Mon impasse hurlante. Nom de Dieu, Papa, aide-moi, Maman va arriver. Faut que je me reprenne. Tout de suite ! Bon, j'allume des bougies.

– Salut ma grande, comment vas-tu ?

– Ça va. Et toi ?

– Je suis bien entourée. Ça va aller.

– Moi je n'ai pas envie d'être entourée. Il y a quelque chose que je dois traverser seule.

– Tu veux que je m'en aille ?

– Je ne disais pas ça pour toi. Mais je me sens bien, ici. Je me sens tout près de lui, tu comprends ? C'est comme s'il était là. Tu as apporté quoi ?

– Des pâtes aux scampis.

– Je t'adore !

– Le morceau qui passe, là, c'était notre morceau. *A perfect day*, de Lou Reed. Il m'avait offert le disque quelques jours après notre rencontre.

– C'est un CD.

– Il a dû le racheter après la séparation.

– C'est étrange, de découvrir cet endroit sans lui qui court partout, sans le téléphone qui sonne toutes les cinq minutes, sans Line et Lola pour me pourrir la vie. C'est un endroit qui me rend sereine. Alors qu'avant, j'y devenais dingue. Je ne me sentais pas chez moi. Complètement envahie.

– Et tu fais quoi ?

– Rien. Jusqu'à présent, je n'ai rien fait. Je bouquine, je reste dans le lit à écouter de l'opéra en regardant le plafond. Je laisse la baie vitrée ouverte, jour et nuit, c'est comme si je vivais dehors. Je sens ce que vivent les gens, ce qu'ils mangent. Je les entends vivre et je suis hors de portée. Dans le monde et hors du monde. Le premier matin, j'ai mis ses vêtements dans des sacs. C'était trop dur. Chaque fois que j'enfonçais un pull ou une chemise, son odeur envahissait la pièce. Impossible de continuer. Je verrai plus tard.

– Je peux sentir ?
– Tu es sûre ?

Et voilà. Plan catastrophe. Maman pleure, Maman est par terre, le nez au-dessus d'un sac de vêtements miteux, et elle pleure. Je fais quoi ? Tu ferais quoi, Papa ? Tu ne ferais rien, toi. Tu ne savais rien faire, de nos émotions. Je ne suis pas toi. Je vais te montrer ! Je m'approche d'elle, je me colle dans son dos, je la prends dans mes bras, je lui dis que je l'aime. Tu vois, ce n'est pas si compliqué. Mets ça dans ton disque dur pour ta prochaine vie !

– Je suis enceinte, Sylvia.
– Tu rigoles ?
– Je porte notre quatrième enfant.
– Qu'est-ce que tu racontes ? Allez, viens, on va manger.

C'est Maman qui a un fameux problème. Fais quelque chose, Papa. Là, je suis dépassée. J'appelle Monique ? Un psy ? Faut pas m'en demander trop. Te perdre, c'est trop. T'entendre mourir, c'est vraiment trop de chez trop. Faut me laisser le temps de digérer. Si Maman devient folle, je deviens quoi, moi ? Bon, je vais faire comme toi : pragmatique. Indéboulonnable. Fiable.

– Depuis combien de temps ?
– Deux mois.
– Il était au courant ?
– Oui.
– Vous alliez le garder ?
– Oui.
– Et maintenant ?
– Je suis un peu perdue.
– Comment est-ce possible, Maman ? Vous étiez divorcés, tu ne pouvais plus avoir d'enfants…
– Justement. Je n'ai pas pris de précautions. Avec les autres, je prenais un préservatif, mais ton père ne voyait personne, pas besoin de préservatif.
– Tu faisais encore l'amour avec Papa ?
– C'est arrivé quelquefois. On passait une soirée ensemble tous les trois mois pour mettre les choses au point par rapport à vous, parfois on se retrouvait en train de faire l'amour. À ne pas savoir vraiment ce qui s'était passé.
– Punaise. J'aurai vraiment tout entendu.
– Tu es fâchée ?
– Je suis abasourdie ! Et vous alliez revivre ensemble ?
– Non.
– Tu vas faire comment ?

– Comme j'ai fait avec vous trois. En me débrouillant seule. Sauf qu'il n'est plus là.

– Tu vas le garder ?

– C'est notre enfant, Sylvia. Nous avions fait notre choix. S'il fallait tuer tous les enfants quand ils n'ont plus de père, il faudrait vous tuer toutes les trois aussi.

– Vu comme ça…

Allez, Papa, réagis ! Ligature, fais quelque chose ! C'est malin ça, de mourir quand on vient de concevoir un enfant. Mais vous avez quel âge ? On soupe ensemble, on rigole, on picole, on s'embrasse dans le cou, tout dérape, on se fait un petit sprint spermatique de la quarantaine, ça va, tout le monde est en forme, le premier arrivé a gagné, rendez-vous dans une trompe, on s'embrasse, on se dit au revoir, chacun dans sa maison avec l'agenda coloré en fonction des semaines avec ou sans enfant, on va dormir et zou, une petite méiose de derrière les fagots, bonjour tout le monde, je suis le quatrième, j'arrive et tant pis si Papa est mort. Y a pas de garde alternée pour les morulas, alors, quand le papa meurt, c'est Maman qui déguste. Tu es fier de toi ? Fallait que tu en remettes une couche avant le 49e jour ? C'est ça, le signe ? *Sois une bonne et brave grande sœur, ma fille chérie dont je suis si fier*.

– Tu penses que je ne dois pas le garder ?

– Je pense que je ne rigolais déjà pas tous les jours. Je pense que Papa aurait pu ne pas mourir en pleine grossesse et que les préservatifs, ce n'est pas fait pour les chiens.

– Ce bébé me permet de tenir le coup, Sylvia. Lui et vous trois. Il me semble que c'est vous qui me donnez la force de rester debout. Vous quatre. Les quatre enfants de l'homme de ma vie.

– L'homme de sa vie, ça reste en vie.

– Je comprends ton désarroi, ta surprise… Laissons-nous un peu de temps pour digérer, d'accord ?

– Qui est au courant ?

– Tu es la première.

– Si tu attends trop longtemps pour le dire aux petites, elles ne vont rien comprendre.

– Je sais. Tu comprends, toi ?

– Je ne comprends plus rien, Maman. Plus j'avance, moins je comprends. Papa me manque.

17

Qu'est-ce que je fais ici ? À Wenduine. Tu me dirais bien ? Je suis toujours chez toi, d'une certaine manière. J'ai quitté ton appartement pour me retrouver dans ta tente. Quand les autres ont lancé la leur vers le ciel comme un cerf-volant qui n'aurait demandé qu'à se déployer, j'essayais de monter la tienne. Trois cents grammes, le volume d'une trousse de toilette, mais livrée sans mode d'emploi. Vicky et Pedro dans une tente, Raphaël, Diane et Miranda dans l'autre, non merci Vicky, je ne voudrais pas déranger, non désolée, Raphaël, mais il n'y a qu'une place dans la tente de mon père. L'idée de la vie de groupe sans relâche durant une semaine était déjà éprouvante, mais partager mes nuits, en prime, c'était au-dessus de mes forces. C'est presque sacrilège, de planter ta tente dans un camping comme celui-ci. D'un côté les caravanes, de l'autre, les tentes. De notre côté, vu de haut, cela doit donner l'impression d'une immense toile d'araignée en fil de tendeurs dans laquelle des mouches colorées et imperméables se seraient fait prendre sans aucune chance d'en sortir. Les adultes crient aussi fort que les enfants, les toilettes sentent un mélange d'urine hollandaise, de vieille mayonnaise et de gaufre liégeoise mal digérée. On y trouve aussi des cornets de glace abandonnés, du sable et des mères débordées tenant leur petit à dix centimètres de la planche.

– Sylvia, tu viens avec nous ?
– Allez-y, je garde vos sacs.

Qu'est-ce que je fais ici ? La journée, on bronze parmi des milliers de gens huileux qui râlent dès qu'on passe près d'eux en leur envoyant trois grains de sable d'une sandale innocente. Parfois on va dans les dunes, le rendez-vous des familles nombreuses où chaque clan, dirigé par une mère angoissée à l'idée de perdre un de ses poussins sur l'immense plage, s'est approprié un creux. Les frontières sont balisées d'une glacière, d'un parasol, de la panoplie complète pour réussir des pâtés (sauf que dans les dunes, il n'y a aucune chance), la sainte famille est protégée avec de l'écran total toutes les deux heures. Le plus souvent, Madame fait des mots croisés, Monsieur vide une bière en envoyant des textos et les enfants jouent avec leurs Nintendo parce qu'il n'y a pas de place pour la pétanque et les jeux de raquettes. Je préfère encore la plage.

– Sylvia, on va se prendre une glace ?
– Pas maintenant, allez-y si vous voulez.

À marée basse, nous allons sur un brise-lame, là où le sable est mouillé. Je regarde la mer ou la digue, selon l'évolution de mon bronzage. Je leur ai proposé de marcher, d'aller jusqu'à Blankenberge à pied, comme nous le faisions tous les trois. Parce que cela m'est revenu, Papa. J'ai retrouvé des souvenirs de toi ici. Des souvenirs de nous avant Line et Lola. Nous venions hors saison, nous avions la plage rien que pour nous. Qu'il pleuve ou qu'il vente, nous sortions. Je te revois marcher au plus loin du brise-lame, au plus bas de la marée, je te criais de revenir, je hurlais que la mer allait te prendre. Je n'osais pas te rejoindre. Je me revois marcher à tes côtés, les bottes dans les premières vagues. Je ne voulais pas te donner la main. Nous savions tous les deux qu'à un moment, je me mettrais à courir, ce serait plus fort que moi, je courrais de toutes mes forces, vous aspergeant à chaque aller et à chaque retour, n'écoutant pas Maman qui me demanderait de ne pas laisser l'eau entrer dans mes bottes. Elle entrait toujours.

Tu m'asseyais sur un de tes genoux, tu enlevais mes bottes une à une, tu les levais haut et tu les vidais sur le sable en disant à maman qu'on pouvait mesurer le plaisir de l'enfance à la quantité d'eau qui sortait d'une botte après une course dans les vagues.

– À quoi tu penses, Sylvia ?

– Je pense à cette odeur. On ne la trouve qu'ici.

Plus je respire l'odeur de la mer du Nord, Papa, plus les images se précisent. Je pensais n'avoir aucun souvenir de toi dans mon enfance et, depuis que je suis à Wenduine, je me souviens de ce que je ne savais pas que j'avais oublié. Quels sont les autres endroits où nous avons été ensemble ? Dois-je les traverser un à un pour nous retrouver un passé ? Tu creusais pour moi d'immenses trous dans lesquels je jouais au magasin, échangeant des fleurs en papier crépon contre des coquillages, la concurrence était plus légère en hiver et en automne. Contrairement aux autres mères, Maman ne savait pas en fabriquer. Nous devions toi et moi commencer par faire une réserve maximale de coquillages. Nous nous levions tôt. Nous revenions avec des croissants pour Maman. Comment ai-je pu oublier tout cela, Papa ?

Parfois aussi, nous partions toi et moi pour voir les oiseaux. Il te fallait un endroit calme. Aucun humain. *On s'arrêtera quand nous serons seuls au monde, Sylvia.* Quand tu trouvais cet endroit, il ne fallait plus bouger, plus parler. Je pouvais laisser couler ma morve. Surtout pas renifler ou me moucher. Pas de bruit. Je devais regarder. Après, quand nous revenions, tu me demandais de décrire le plus précisément possible les oiseaux observés, et tu me disais leur nom. Finalement, de ces séjours à la mer, j'ai très peu de souvenirs de Maman. Étions-nous seuls au monde ?

– Tu deviens rouge, Sylvia, mets une blouse !
– Merci !

Nous allions donner le pain sec aux mouettes, nous allions à la rotonde. Je disais que c'était notre refuge. De là, nous voyions la plage, la mer, les dunes, les premiers immeubles de De Haan à gauche et ceux de Blankenberge à droite. Tu me racontais des histoires de pirates et de monstres marins, tu me disais que les lumières tout au loin, c'était l'Angleterre. J'ai oublié ce souvenir avant même de me rendre compte que tu me baratinais. Nous avions gravé un cœur sur le banc que nous préférions. Sylvia et Didier et Laure. Tu crois qu'il est toujours là ? Tu achetais des crevettes et tu me les décortiquais. Tes doigts puaient toute la journée. Tu m'avais offert un cerf-volant que tu n'as jamais réussi à faire s'envoler. D'après toi, c'était un cerf-volant pour ingénieur civil et ils avaient oublié de l'indiquer sur l'emballage. On a été en acheter un autre, avec un enfant en photo qui regardait son cerf-volant plus haut que les nuages. Tu m'as dit que c'était peut-être trop compliqué pour toi, les cerfs-volants, mais que moi j'y arriverais et zou, il s'est envolé. Tu m'as dit de bien m'accrocher, sinon il partirait tout seul jusqu'au toit du monde. Cette année-là, nous nous promenions à trois, toi, moi et le cerf-volant. Maman dormait à trois pour se reposer, avec Line et Lola de la taille d'un citron dans son ventre. Je me souviens de tout, Papa. Comment ai-je pu perdre la mémoire de ces séjours ? Comment l'esprit humain efface-t-il les images qui lui sont nécessaires ?

– Tu veux qu'on parle ?

– Top secret ?

– OK.

– Ma mère est enceinte. De mon père qui est mort il y a deux semaines.

– Merde alors ! Vous cherchez les problèmes ou quoi, chez Seurat ?

– C'est dégueulasse de dire ça.

– T'as raison. Je suis la reine des andouilles, ton ange noir et ton diablotin farci de conneries. Ça te fait quoi ?

– Ça me fout la trouille. J'ai déjà ma dose avec Line et Lola. En même temps, je me dis que c'est peut-être un signe. Papa nous dit que la vie continue. Que nous sommes une famille.

– Arrête tes conneries. Ce bébé va naître sans père !

– Je suis sans père. Non, ce n'est pas juste de dire ça. Je suis une fille au père mort. C'est un bébé au père mort. Parfois j'ai l'impression que, malgré sa mort, Papa est présent partout. Plus vivant que jamais. Allez viens, la première à la rotonde a gagné !

Ils ont repeint la rotonde. Ils ont changé les bancs. Nos noms ont disparu. Quel nom aura cet enfant ? Le nom de son père mort ou celui de son grand-père maternel, mort lui aussi ? Je voudrais qu'il porte ton nom, Papa. Le nom de notre famille. Le nom de notre père.

– Je venais ici avec lui. Parfois il allait se cacher. Je comptais jusqu'à 30, mais je trichais, je savais où il était. Je faisais semblant de chercher ailleurs. J'aurais été terrorisée de ne pas connaître sa cachette. De me retrouver seule. Je ne sais pas où il se cache maintenant, Diane. J'ai fermé les yeux trop longtemps. Je ne sais pas où le chercher.

– Tu le trouves un peu ici, non ?

– Oui. C'est même parfois tellement vivant que j'oublie un instant qu'il est mort et que s'il apparaissait avec son gros bonnet rouge à pompon, je trouverais cela normal.

– Vu la saison, s'il apparaît avec son bonnet, méfie-toi de son état mental, ou du tien !

– Tu es vraiment infernale !

– Je suis bouleversée par ce que tu vis, je ne sais pas quoi faire. Alors je dis des conneries. Depuis notre arrivée, j'ai cru voir ton père au moins quatre fois sur la digue.

– Moi aussi. Il paraît que c'est normal.

18

– Maman ? C'est Sylvia. Je voudrais rentrer, je vais prendre le train. Ça ne te dérange pas ?

– Bien sûr que non ! Ça ne va pas ?

– Je ne supporte pas de voir tous ces gens en vacances. Je ne supporte pas de voir des gens heureux autour de moi.

– Je comprends. Je ressens cela aussi. Attends-moi là, je viens te chercher.

– Tu es sûre ?

– Oui. Je crois que j'ai envie de voir la mer.

– Ok. On se retrouve sur la jetée de Blankenberge ?

– Tu n'es pas à Wenduine ?

– Si. J'ai envie d'aller jusque-là à pied. Et le soir, il n'y a personne sur la jetée.

– Et ton sac à dos, ton matériel ?

– Je les porterai. C'est comme si j'avais besoin que mon corps ait mal, lui aussi. Tu comprends ?

– Très bien. Je viens de poncer un plancher, si tu veux tout savoir.

Tu es partout, tu es nulle part et moi, je ne sais pas où aller. Salut tout le monde, je me tire. Je marche. Je longe la mer. Les bretelles de mon sac à dos déchirent la peau brûlée de mes épaules. Il me reste une boîte de raviolis. Des raviolis réchauffés sur une plage déserte entre Wenduine et Blankenberge, ça te dit ? Ton petit réchaud au gaz me rappelle lui aussi des souvenirs. Tu venais de t'installer dans ton appart, tu n'avais pas pensé à mettre une nouvelle bonbonne pour la cuisinière. Tu as donné le biberon aux petites et nous avons fait une fondue au fromage sur ton balcon. Ton pain de mie ne tenait pas sur les fourchettes, un vrai carnage. Tu m'as servi un centimètre de vin blanc. Indispensable avec la fondue au fromage, selon toi. Nous étions seuls au monde. Tu connaissais le nom des étoiles. C'est reparti, je me sens à nouveau en paix. Assise au bord des vagues devant mon butagaz, à regarder les bulles de sauce tomate faire tressaillir les raviolis dentelés. Tu es là ? J'ai l'impression de sentir ta présence. Une sorte d'englobement. Tu serais un œuf immense formant le ciel, la mer et la plage et je serais dans l'œuf. Tu es là ? Peut-on choisir où poser son âme quand son corps est mort ? Tu choisirais où ? Moi, je ne pourrais jamais choisir. Mer, terre, ciel ? La mer, peut-être. Je pourrais rester des heures et des heures devant elle, à regarder les vagues. C'est là que je me sens le mieux. Ton âme est dans la mer ? Merde, les raviolis ! La vaguelette lave les timbres ensanglantés de la lettre que je ne t'ai jamais écrite. La suivante les emportera. Je vais t'écrire du bout de mon gros orteil, Papa, je vais t'écrire à l'orteil dans le sable. J'envoie à ton âme une lettre timbrée de raviolis. C'est moi la timbrée. Allez zou ! De toute façon, si tu as eu le choix, ton âme est à la montagne. Ou près de nous. Peut-être que c'est vrai, que ton âme reste près de nous pendant 49 jours. Je vais garder ton matériel de randonnée. On ne sait jamais. Je suis ton héritière. Je marche sur la plage avec poêlon sale et cabossé dans une main, et dans l'autre un bâton blanchi par la mer. Ton héritière a le pas long, elle a hérité de tes longues jambes et de ton poêlon mais elle a faim. Où sont les milliers de gens qui remplissent ces plages pendant la journée ? Et eux, où mettent-ils leur âme quand ils font griller leur corps ? Dans le frigo box ? Quand nous allions sur la jetée, tu ne voulais pas que je te lâche la main. Tu disais que le vent pourrait m'emporter, qu'il y avait parfois des rafales. C'était vrai ? Ou bien tu disais cela pour tenir ma main ? Pour que je me laisse faire, enfin ? Et si j'avançais, maintenant. Si j'avançais sur la jetée sans attendre Maman, tu te ferais rafale et tu m'emporterais ? Les morts ont-ils encore un peu de pouvoir sur les vivants ? Et si une rafale, une vraie, m'emportait, tu aurais les moyens de me sauver ? As-tu les moyens de me protéger, Papa ? Veilles-tu encore sur nous ? Au moins tu ne peux pas répondre non, c'est déjà ça. Les vivants peuvent faire des choix, trancher, décider. Je décide que oui. Oui, tu veilles sur nous, oui, tu as ce pouvoir. Oui, ton âme est là, tout près de nous. C'est donc normal que je sente ta présence. Voilà, c'était pas compliqué. Fallait juste décider.

– Sylvia ?
– Oui, c'est moi…
– Ben dis donc, tu n'as pas peur, toute seule comme ça ?
– Non. Mais j'ai faim.
– Moi aussi. Frites ? Moules ?
– Pitié, non ! On prend une pizza et on va la manger au bout de la jetée ?
– Parfait. Mets ton sac dans la voiture.

C'est la première fois que je suis seule ici avec Maman. Elle nous attendait toujours à l'entrée de la jetée…

– Pourquoi tu ne venais jamais avec nous jusqu'ici ?
– Cet endroit me fiche la trouille. J'ai toujours l'impression que le vent pourrait m'emporter.

– Il n'y a pas de vent, ce soir. Je pense que Papa est là. Qu'il nous protège.

– Je n'en sais rien. Je ne sens rien. Mais je n'ai pas peur.

Ai-je peur ? J'ai peur de perdre Manu. J'ai peur de la vie sans lui. Je n'ai pas peur du vent.

– Tu sais si c'est un garçon ou une fille ?

– C'est un peu tôt. Je vais faire une amniocentèse, dans quelques jours. Mais je n'ai pas envie qu'ils me disent le sexe du bébé.

– Pourquoi ? Pourquoi tu vas faire ça et pourquoi ne veux-tu pas savoir ?

– J'ai 40 ans. Le toubib me conseille de vérifier si tout va bien. Et ton père n'a jamais voulu savoir votre sexe avant votre naissance.

– Et toi ?

– Moi oui, mais je ne voulais pas le savoir alors que lui, il l'aurait ignoré.

– Il est mort. Si tu veux le savoir, tu n'as qu'à le demander. Tu préférerais une fille ou un garçon ?

– … une fille, je crois. Je ne connais que ça. J'aime bien avoir trois filles. Je pense qu'un garçon a encore plus besoin d'un père qu'une fille.

– C'est des conneries, ça.

Et pourquoi ? Pourquoi les garçons auraient-ils plus besoin d'un père ? C'est ça que tu pensais, Papa ? C'est pour ça que tu déléguais tout à Maman ? Eh bien c'est faux et archifaux. Il faut être un handicapé affectif majeur, pour penser ce genre de chose.

– Les filles, c'est plus calme…
– Tu as vu Line et Lola ?
– Tu as raison. En fait, garçon ou fille, les deux me vont.
– J'espère tout de même que tu ne vas pas refaire des jumeaux !
– Ce serait terrible.
– L'enfer absolu !
– Tu te rappelles le jour où vous avez appris que tu étais enceinte de moi ?
– Tu parles. Il compte dans les plus beaux jours de ma vie. Nous n'avions pas encore de téléphones portables. J'ai envoyé un fax à ton père, je ne pouvais pas attendre.
– Tu crois qu'on peut tomber enceinte au premier coup ?
– Quel premier coup ?
– La première fois qu'on fait l'amour.
– Sans précaution, bien sûr. Si le couple fait l'amour le jour J, sans précaution, que ce soit la première fois ou la centième ne change rien.
– J'ai trois jours de retard.

19

Trois jours de retard, à mon âge, même si on est réglée comme une horloge, cela ne veut rien dire, surtout quand on a subi un traumatisme majeur. Tu es monté en grade. Si je risque d'être enceinte, tu passes en majeur. D'après Maman, on a déjà notre quota de choses compliquées à gérer, ce n'est pas imaginable que je sois enceinte. Et d'abord de qui ? Depuis quand j'ai un copain ? *Et les préservatifs, la pilule et tout ça, à quoi ça sert ? Et tu l'aimes ? Je le connais ? Raphaël ? Si tu as fait ça avec lui cette semaine, et que tu as trois jours de retard, tu n'es pas enceinte. –Ce n'est pas lui. –C'était quand ? –Il y a un peu plus de deux semaines. –Merde ! Bon, de toute façon, c'est trop tôt, il faut attendre deux ou trois jours, on fera une prise de sang. Tu dois en parler avec lui. Il n'y a pas de raison que tu vives cela toute seule. –Il est en vacances. Il revient après-demain. –Je peux savoir qui c'est ? –Plus tard. –Sapristi, Sylvia. À notre époque ! Et maintenant ! – Tu peux parler !* Je ne l'ai pas fait exprès, Papa. C'est arrivé. Comme pour vous. La différence, c'est que mon amoureux ne veut pas dire que nous sommes ensemble. La différence, c'est que j'ai 17 ans. Je ne veux pas un bébé maintenant, Papa. J'ai 17 ans ! Il faut tellement de choses pour qu'un enfant soit conçu…ne me dis pas ce putain de miracle de la vie me tombe dessus au premier coup ! Le jour de ton enterrement ! C'est trop, Papa. Ça, c'est précisément le genre de plan pour devenir dingue. Je ne veux pas porter un enfant conçu le jour de l'enterrement de mon père qui est du genre à croire en la réincarnation. Pigé ? Je ne sais déjà pas ce que c'est, d'être une fille au père mort, je ne vais pas apprendre en même temps à être mère. Une chose à la fois. OK ? Et je ne peux pas me faire avorter du petit enfant de Didier Seurat. Alors fais quelque chose !!!

Mon rapport au temps est perturbé depuis ta mort, mais depuis que nous sommes revenues de la mer, les heures ne passent absolument pas. Maman a repris ses esprits, mais moi, je perds le mien. Elle parle d'une *aménorrhée post-traumatique*. On n'est pas loin d'imputer la canicule et la chute du gouvernement à ta mort. Encore un pas, et tu seras responsable du réchauffement climatique.

Lola a perdu deux dents cette semaine. Chute de dents de lait post-traumatique ? Manu revient ce soir ou cette nuit, j'écoute *Le Barbier de Séville* depuis ce matin, mais le soir n'arrive pas. Que va-t-il dire ? Que va-t-il penser ? Que je suis une fille qui coince un gars en se faisant mettre enceinte ? Et s'il ne revenait pas ? Si un 4x4 conduit par un jeune cadre dynamique, sur le retour de son séjour à Perpignan avec sa poupée Barbie, fonçait sur la voiture du père de Manu coincée dans un embouteillage ? Hein ? Tant qu'à faire, on peut encore en rajouter une couche, non ? *Mère et fille, enceintes en même temps, les deux pères ont disparu de manière violente et inopinée, causant à toutes les deux un stress post-traumatique majeur, lequel nous amène à les faire hospitaliser dans votre institution.* Si j'appelle Manu, il meurt. Si je prends mon portable, si je l'appelle pour lui dire *je suis enceinte, tu n'es pas fâché ?* Il meurt. S'il appelle, pendant que son père conduit, ne pas décrocher. Ne pas prendre le risque. *Bonjour mon amour, c'est sympa de m'appeler, je voulais justement te dire que je suis enceinte. – Quoi ? Tu es enceinte de moi ?* Et zou !, le père perdrait les pédales, oublierait son rétroviseur et un chasseur de buffles écraserait le père et les grands-parents paternels de mon bébé qui n'a déjà plus de grand-père maternel. On ne saurait plus quoi est à qui et on mettrait le puzzle bronzé dans un cercueil unique. Mon bébé aux yeux verts serait élevé par sa grand-mère avec son oncle du même âge, pendant que je finirais mes humanités complètement déglinguée.

– Sylvia ? Tu viens manger ?
– Je crois que j'ai des nausées.
– Arrête ton char.

On va faire la gentille grande sœur normale. On va faire celle qui revient de la mer où elle a été en vacances avec une bande de copains. *Promis, un jour nous irons à la mer ensemble. Et votre stage, c'est chouette ?* On va faire la fille aînée qui maîtrise la situation. *Ce soir, les filles, je vous apprends à faire la vaisselle ! – On est trop petites, on n'arrive pas à l'évier. – Avec des tabourets, ça ira très bien. Ce n'est pas une question d'âge ! – C'est une question de quoi ? – Mangez !*

– Et après la vaisselle, on va faire un petit conseil de famille.
– C'est quoi ?
– Une réunion spéciale à nous quatre où on se dit des choses importantes.
– Et si on n'a pas de chose importante ?
– On écoute les autres.

– Moi j'ai perdu deux dents.
– Après la vaisselle, j'ai dit.
– Tu vas leur dire ?
– Après la vaisselle.

Je voudrais que cette vaisselle n'en finisse pas. Elle va leur dire quoi ? Que nous attendons un bébé ? Toutes les deux ? Qu'elle en attend un et que dans deux jours on verra si moi aussi ? Que leur frère aura un père mort, mais oui on peut avoir des bébés quand les papas sont morts… et que leur neveu est de père inconnu. Un OVNI pour leur frère ? Oncle vraisemblablement non identifiable.

– Sylvia ? C'est Manu.
– Tu es rentré ? Tu es vivant ?
– Bien sûr que je suis vivant. Et terriblement pressé de te retrouver.
– Attends, je sors de la cuisine… On peut se voir ce soir ?
– Je viens de faire 1500 km… Je dois décharger la voiture… Ma mère fait une crise parce que la femme de ménage n'est pas venue… je te passe les détails. Demain. Demain matin. Je viens avec des croissants, on se retrouve au volcan à huit heures, ça va ?
– Je crois que je suis enceinte, Manu.
– Oooops. Ça m'étonnerait. Écoute, on se voit demain matin, et on parle de tout ça. Ne t'inquiète pas, ma belle. Ça va aller.

– Tu lui as dit ?
– Oui.
– Et il a répondu quoi ?
– Que cela l'étonnerait. Et qu'on se verrait demain.
– Les hommes, je te jure !

Je voudrais avoir cinq ans. Je voudrais avoir cinq ans et vivre les choses simplement. Quand on dit les choses les plus ahurissantes, les plus dingues, à un enfant de cinq ans, avec des mots vrais, tout devient simple.

– À un conseil de famille, tout le monde reste sur sa chaise, tout le monde a le droit de parler mais tout le monde doit écouter celui qui parle.
– Et si celui qui commence à parler parle tout le temps ?
– On reste sur sa chaise et on écoute. Tout le temps, ça n'existe pas. Et pendant un conseil de famille, on ne suce pas son pouce, parce que c'est une réunion réservée aux grands.
– OK.
– Aujourd'hui, c'est moi qui commence, parce que c'est moi qui ai inventé cette sorte de réunion. … Je suis très triste parce que votre papa est mort. On ne vivait plus dans la même maison, mais on était comme des

très grands amis. Parfois, comme on avait aussi été des amoureux avant, on s'embrassait et tout ça.

– Et vous faisiez des bébés ?

– … C'est moi qui parlais ! Une fois, on a fait un bébé. Votre papa est mort, mais le bébé, comme il est dans mon ventre, il n'était pas dans l'accident, il est vivant.

– Heureusement que c'est pas toi qu'es morte.

– Il pourra dormir dans la même chambre que nous ?

– On va l'appeler comment ?

– Pourquoi tu n'as pas un gros ventre ?

– Et toi, Sylvia, tu veux dire quelque chose ?

– Je trouve qu'on a une belle famille, voilà ce que j'ai envie de dire ! On va bien s'en occuper, de ce petit bébé, d'accord les filles ?

20

– Tu vas à ton rendez-vous ?

– Oui.

– Bonne chance. Et dis-lui que j'ai envie de le rencontrer !

– …

– Si tu as deux minutes, j'aimerais te dire quelque chose, avant. Cela n'a rien à voir avec le fait que tu sois enceinte ou pas. Rien à voir non plus avec la réaction de ton amoureux et les décisions que vous auriez éventuellement à prendre. C'est pour cela que je préfère t'en parler maintenant.

– De quoi tu parles, Maman ?

– Je me suis un peu renseignée… vous héritez de votre père. À quatre. Cette maison, l'appartement, mais aussi son assurance-vie, et ce que l'assurance du chauffard paiera. Vous ne manquerez de rien. Tant que vous n'êtes pas majeures, c'est moi, avec le notaire, qui vous aiderai à gérer cela. C'est moi qui prendrai certaines décisions, dans la mesure où elles préservent vos intérêts.

– Je m'en fiche, de tout ça.

– Je te propose de vivre dans l'appartement de ton père, Sylvia. Comme si c'était ton kot d'étudiante. Tu viendrais ici quand tu veux, tu irais là quand tu veux, mais ce serait aussi ton chez toi. Tu dois vivre ta vie, t'occuper de ton avenir. Pas question que tu fasses le père ou la baby-sitter pour tes sœurs. Ne réponds pas tout de suite. Prends le temps de réfléchir.

– …

– Je pense que ton père serait d'accord. Ce qui comptait pour lui, c'est que vous ne manquiez de rien, que vous soyez heureuses. Je pense qu'il n'aimerait pas trop que des étrangers habitent dans ses lieux à lui. Pas tout de suite. Plus tard on verra. On ne va pas le perturber maintenant !

– Je me sens bien, là-bas, pour l'instant. Comme si j'étais, d'une certaine manière, dans son ventre. Le ventre paternel. J'ai été dans ton ventre pour venir au monde. Je sens que j'ai besoin de son « ventre » pour arriver à l'âge adulte. Je découvre des choses sur moi-même, là-bas.

– Par exemple ?

– J'aime la solitude.

– Il ne faut pas t'y enfermer, non plus.

– Ce n'est pas cette solitude-là. C'est ce que permet la solitude.

– Par exemple ?

– Elle permet d'entendre le bruit du silence.
– On croirait entendre ton père. Bon, bref, réfléchis.

Quand je suis seule, c'est comme si mon esprit devenait un territoire plus vaste. Je pressens des liens entre les choses, au-delà de la raison, je vois mieux, j'entends mieux. Je peux découvrir l'extrême beauté, la laisser me posséder. Ces moments de solitude me nourrissent. Comment expliquer cela ? Comment expliquer qu'il a fallu ta mort et ce séjour dans ton lieu, pour découvrir cela ? Tu es là, Papa ? Est-ce toi, ton être non visible, qui m'apprends ces choses ? Devais-tu nécessairement mourir pour que je traverse cet étrange rideau ? Peux-tu, par-delà la mort, m'apprendre à vivre « plus grand » ?

– Sylvia ?

Oh, Manu, c'est si bon, de retrouver tes bras, ton odeur, ta peau toute bronzée. Ne bouge pas, ne dis rien, laisse-nous encore un moment d'insouciance, laisse le temps à nos cœurs d'accorder leurs battements. Ne t'enfuis pas, quand je commencerai à te parler…

– Je suis peut-être enceinte…
– Tais-toi !

Ses mots sont durs. Un ordre, un impératif suprême. Mais sa voix est douce, à peine perceptible.

– Ne bouge pas…

Alors pourquoi me fait-il tourner le visage ?

– Regarde…

Sur le rocher plane qui brille sous les premiers rayons du soleil, un grand oiseau, un oiseau de proie, se tient raide, immobile. Devant lui, à une trentaine de centimètres, deux petits oiseaux identiques, un peu roux, chantent, se répondent *karre karre karre kiet kiet*.

– Il va les attaquer ?
– Non. Il préfère les plus gros. Il attaque en général en piqué. Là, s'il bouge, même vite, ils partiront. Il a sûrement déjà mangé sa première proie du jour.
– Il fait quoi alors ?
– Il les écoute, il les regarde. C'est incroyable d'assister à ça.
– Ils n'ont pas peur ?
– C'est incroyable…
– On dirait une parade amoureuse.
– Ce n'est pas la saison… On dirait qu'il

veille sur eux, qu'il les protège.

– Ce n'est pas un oiseau de proie ?

– Si. Un faucon pèlerin.

Nos voix sont comme deux souffles, des bruits de baisers doux. *Karre karre karre kiet kiet*.

– Et les petits ?

– Des rousserolles effarvattes. Les rossignols des rivières.

– Et moi ?

– Tu es ma fauvette babillarde.

– Pourquoi une fauvette ?

– Son nom latin, c'est Sylvia Curruca. La Sylvia Curruca zinzinule…

– Je zinzinule ?

– Tu babillardes ! Mais tu n'es pas enceinte, ma fauvette.

Le faucon nous regarde. *Karre karre karre kiet kiet*. Les rousserolles s'envolent. Manu et le faucon se fixent du regard. *Ka yak ka yak ka yak*. On pourrait croire qu'ils se jaugent, qu'ils luttent. Le premier qui baisserait les yeux aurait perdu la lutte des mâles. Faut-il que l'un des deux gagne ? C'est Manu qui baisse les yeux.

– Viens, on va s'asseoir.

– Tu connais tous les oiseaux ?

– Sûrement pas. Mais je me débrouille un peu.

– J'avais toujours l'impression que Papa les connaissait tous.

– Je ne serai peut-être jamais père, Sylvia. Je suis stérile.

Manu est stérile, je ne suis pas enceinte. Point. La question est réglée. Je me sens toute légère. Le faucon me fixe. *Ka yak ka yak ka yak.*

– Qu'est-ce que tu racontes ?

– J'ai une malformation congénitale du minuscule canal qui conduit les spermatos à bon port. Chez moi, ils ne peuvent pas passer.

– Tu ne pourras jamais avoir d'enfants ?

– Disons qu'il faudra une intervention chirurgicale et que ce n'est pas garanti. C'est ça mon problème, Sylvia. C'est pour ça que j'ai peur d'aller plus loin avec toi.

– Quel est le rapport ?

– Je ne veux pas t'embarquer dans un avenir sans enfant.

– J'ai 17 ans, Manu ! Je t'aime maintenant, je suis vivante maintenant. On ne pourrait pas commencer par le commencement ?

– Le commencement ? … quand il n'y a pas de suite ? Ça fait un commencement de quoi ? Tu pourrais vivre avec un demi-homme ?

– On s'aime, Manu, on est bien ensemble. Tu ne penses pas que c'est une fameuse force ? Et si on meurt demain ? Et si on meurt dans un mois, écrasés entre deux camions, hein ? *kek kek kek*. Je suis vivante, je suis heureuse de ne pas être enceinte ce matin, je suis heureuse d'être avec toi, j'ai faim ! Tu n'avais pas parlé de croissants ?

– Regarde, le faucon s'envole. Un mètre d'envergure ! Quelle beauté…

21

Un demi-homme. Une femme stérile est-elle une demi-femme ? Maman est-elle devenue entière depuis qu'elle est enceinte ? Ayant perdu sa moitié ? Un homme mort est-il un demi-homme ? Un homme mort est-il encore un homme ? Si Maman a perdu sa moitié, Papa était-il entier de son vivant ? Suis-je entière, à 17 ans ? Un père toujours absent est-il un père entier ? N'es-tu pas plus entier, Papa, depuis que je découvre les autres morceaux de toi ? Ceux que je ne voyais pas, quand tu étais vivant ? La mort ne rend-elle pas l'humain plus entier ?

– Tu as peur de la mort ?
– Non, Sylvia, je n'ai pas peur de ça.
– Tu as peur de ne pas avoir d'enfants ?
– Non.
– Tu as peur de quoi ?
– De te perdre.
– Je suis dans tes bras. Tu as une envergure plus grande que le faucon pèlerin.

Quel est le sens des choses, Papa? Ton esprit s'est-il posé dans ce faucon? Lui faisant oublier son âme prédatrice pour veiller sur deux oiseaux qui se ressemblent? Deux rousserolles effarvattes. *Dans cette espèce, mâle et femelle se ressemblent.* Manu et moi on se ressemble. *Ils vivent en couple. Le faucon choisit et délimite son territoire en fonction des besoins des siens.* Tout à fait ton genre. *Les rousserolles construisent le nid à deux, couvent ensemble, nourrissent leurs petits ensemble. Ils chantent, le faucon est plutôt silencieux. Le faucon pèlerin ne fait pas de nid, il utilise les anfractuosités existantes où il aime vivre,* comme tu as choisi de vivre dans les lieux de ton enfance. Mais *l'un et l'autre ont un instinct territorial développé.* Toi et moi, nous avons cela. Un instinct territorial développé.

– Comment sais-tu tout cela?

– Ça me passionne depuis longtemps.

– Tu sais nommer toutes les choses de la nature?

– Sur mon territoire, oui, presque.

– On fait un jeu: je te montre les choses du doigt. Quand tu ne sais pas les nommer, tu me dois un baiser…

Ces oiseaux restent là, reviennent. Ils ont leur territoire. Ce lieu où ils sont chez eux.

Le lieu où l'on se sent chez soi, c'est le lieu où l'on se sent entier. Je me sens entière, dans les bras de Manu. Et dans ton appartement. À la maison, je suis un tiers, bientôt un quart.

– Une vulpie queue d'écureuil / Un églantier / Un sorbier des oiseleurs / Tes lèvres / Un cornouiller sanguin / Une demoiselle / Du potamot crépu / Un pluvier Guignard / Un morceau de rhyolite.

– De quoi ? Ça s'appelle un caillou, dans ma langue ! Tu me dois un baiser.

– La rhyolite, c'est une roche éruptive. C'est pour ça qu'on appelle ce lieu « le volcan ». C'était une carrière, avant. Beaucoup de maisons du village ont la couleur de notre rocher, tu vois ? Ce morceau-ci est de couleur claire, c'est du kaolin. Ça vient de « kao-ling », en chinois. Colline élevée.

– Stop, stop, stop. Je ne retiens rien de tout ce que tu me dis. Tu as choisi tes études à cause de cette passion ?

– Oui. Et toi, tu veux faire quoi ?

– J'ai encore un an pour y penser.

– Et si tu devais choisir maintenant ?

– ... l'histoire de l'art, peut-être.

– C'est pas vraiment le bon plan pour trouver du boulot.

– Le bon plan, pour trouver du boulot, c'est de rester vivant. Et de vivre ce qui nous passionne, ce qui nous rend plus vivants encore.

– L'histoire de l'art te rend plus vivante ?

– La beauté. Je suis fascinée par la beauté. Comment s'appelle encore cet arbuste ?

– Le cornouiller sanguin.

– Le nom est débile. Mais la couleur. Regarde la couleur des feuilles, celle des branches… voilà, de la beauté.

Je me sens chez moi, dans ton appartement, mais tu y es encore. Est-ce ton esprit ? Tes meubles ? La couleur des murs ? Je vais repeindre. Je vais mettre mes couleurs. Mes objets. Mon âme, dans ce lieu. Je vais attendre le 49e jour, on ne sait jamais. Quand ton esprit ne sera plus dans la maison avec tes proches. Je vais habiter dans un ventre aux couleurs d'été du cornouiller sanguin.

– Je suis fasciné par la beauté aussi, la beauté de la nature. Tu veux que je te décrive la dernière plus belle image de beauté que j'ai mémorisée ?

– J'adorerais.

– C'est la nuit. Une roche sombre. Ton corps très blanc étendu. Dans l'eau de l'étang, je vois le reflet de nos silhouettes noires, mais toi, tu es blanche, comme éclairée par des millions d'étoiles. Des étoiles peut-être déjà mortes. Comme si elles ne pouvaient s'éteindre sans t'avoir vue nue. Ou comme si tu avais traversé les siècles pour que je puisse voir cette image. Sur ton corps, il reste quelques gouttes d'eau. Il y a aussi un triangle noir dans l'étendue blanche. Des broussailles sombres. Je t'aime, Sylvia.

– Ce n'était pas mon père, le problème ?
– Tout de même.
– Et ta mère ?
– Non.
– Et maintenant ?
– C'est compliqué, pour moi. Ton père, c'était comme mon père spirituel, un truc dans le genre. Nous sommes si proches, toi et moi… Tu es mon amie ? Mon amour ? Ma sœur ? Mon amante ? La fille de celui qui m'a ouvert les yeux sur le monde ? La femme à qui je ne pourrai pas faire d'enfant ? Je ne sais pas encore qui tu es dans ma vie, d'une certaine manière. Je sais juste que c'est pour la vie. Je ne sais pas comment. Tu comprends ? Se donner la main dans la rue, c'est choisir. Et je ne sais pas encore.

– Les enfants se donnent la main dans la rue.
– Nous ne sommes plus des enfants.

La deuxième cérémonie

Imaginons que les Vietnamiens ont raison. Imaginons que c'est le dernier jour où ton esprit est ici. Je te trouve où, après ? Selon eux, tu t'éloignes. Tu n'es plus ici mais tu n'es pas loin. Et s'ils se trompaient ? Il faut que je te dise, Papa… ce soir, Manu vient dormir ici. Notre première nuit. Franchement, je n'ai pas envie que ton esprit rôde dans le coin. On ne demande pas d'autorisation aux morts, OK ? Il vient. C'est décidé. *On se réfère au mort. On lui parle.* Je te parle. On lui raconte ce qu'on vit. Je ne fais que ça. Il n'est écrit nulle part qu'on doit demander à son père mort si on a le droit de dormir avec son amoureux vivant. OK ? Je ne te demande pas ton avis, je te demande de ficher le camp pour la nuit. Si tu continues à être tout près, je te jure que je fais passer du hard rock en boucle toute la soirée ! *On place l'autel provisoire à hauteur d'homme.* Eh bien voilà, le demander c'est l'avoir.

Sur la cheminée, ça ira? Une photo. Celle où tu sors du ruisseau tout nu avec une bestiole accrochée à ta fesse? Celle où tu embrasses Maman sous une pluie de riz? Je choisis celle où tu me regardes (Maman m'a dit que c'est la photo qu'elle a prise de toi, quand tu es revenu dans la chambre après avoir prévenu le monde entier que j'étais née). Il faudrait aussi *un encensoir*. Je pique un bâton d'encens dans une patate en attendant. *Deux chandeliers*. Deux bougies, c'est pareil. On peut aussi *mettre la photo des autres disparus de la famille*. Punaise, il n'y aura jamais assez de place. Je renonce. Cela vaut aussi. *Le dernier disparu est le représentant actuel de toutes les mémoires du passé.* Si je veux faire tout dans les règles, j'ajoute quelques bouts de papier sur lesquels j'écris: *La vertu des ancêtres transmet son éclat à la suite des générations* et quelques trucs dans le genre *respect, sincérité, noblesse, paix*. Ce sera tout? Monsieur est servi? Je te sens là, Papa. Manu va arriver et tu es là. Tu n'aimes pas les couleurs de l'appartement? Tu es fâché parce que je n'ai pas pris de la peinture bio? Tu veux un petit repas? Sapristi, c'est ça! Jusqu'au 49e jour, on sert un repas au mort. Il partage symboliquement la table. Tu peux courir. Ce soir, tu ne partages rien symboliquement avec moi. Tu manges ici et je mange sur la terrasse avec Manu. Monsieur prendra quoi ? Un bol de riz et un thé vert ? Fiche-moi la paix, maintenant.

– Tu as oublié que je venais ?
– Bien sûr que non !
– Pourquoi tu n'as mis qu'une place à table ?
– C'est pour mon père.
– ???
– C'est le 49e jour, dans le culte des ancêtres. Je n'y crois pas, mais bon, je suis censée lui donner un repas symbolique. Le dernier.
– Et moi, tu m'as fait un repas symbolique ?
– Andouille ! On va manger sur la terrasse. C'est bête, mais j'ai l'impression qu'il est là, et ça me gêne. De manger en amoureux devant mon père.
– Moi ça me plaît bien. J'aime bien l'idée. C'est vrai ? Tu le sens présent ?
– Il ne me lâche pas.
– Alors mangeons avec lui.

Nous nous ressemblons. Manu est aussi siphonné que moi. Disons que tu es en phase « éliminons les toxines », tu manges du riz, et nous, nous sommes en phase « premier souper chez moi », on mange des hamburgers réchauffés au micro-ondes et de la salade préemballée. Pas d'objection ? Tu es beaucoup plus facile à vivre depuis que tu es mort.

– J'ai apporté une entrée.

– Tu cuisines ?

– Non, c'est ma mère. Des lentilles au tofu et coriandre.

– Elle s'appelle Marianne ?

– Non. Elle s'appelle Maman.

– Tu es grave.

Le « mystère Marianne » reste entier. Tant mieux. Je détesterais que tu te sois tapé la mère de Manu. Alors c'est qui ? Une amie ? Une ex-future-épouse ? Une trop-tôt-pour-être-veuve ?

– Pourquoi parles-tu de Marianne ?

– Tu la connais ?

– C'est elle qui dirige le dojo.

– ???

– Le temple zen. L'endroit où ton père allait méditer.

– Elle est sympa ?

– Si tu aimes la beauté, tu dois la rencontrer.

– ???

– Elle a au moins nonante ans. Mais elle pourrait avoir trois siècles. Une énergie du diable. Et dans ses yeux,… ses yeux sont plus jeunes que les nôtres.

– Ils s'entendaient bien ?

– Marianne ne parle plus depuis qu'il est mort.

– Le choc ?

– Non. Elle est entrée en silence. Elle accompagne son âme.

– Punaise. Tu y crois ?

– Je crois qu'elle y croit.

– Et toi ?

– Je crois qu'on n'est rien et que ça ne dure pas longtemps.

– Moi aussi. Mais tout de même.

– Quoi ?

– Je sens que mon père est là.

– Tu sens quoi ?

– Je ne peux pas l'expliquer. Une autre sorte de présence.

– Alors j'y vais.

Tu vas où ? Tu fais quoi ? Qu'est-ce qui te prend ? Tu veux du riz ? Du thé vert ?

– Bonsoir, Didier. Merci de m'accueillir à votre table. Ce n'est pas facile pour moi, mais c'est maintenant ou jamais. Je ne savais pas comment vous le dire, je ne savais pas comment en parler, à vous avec qui pourtant je pouvais aborder n'importe quelle question... Mais aussi, je ne m'y retrouvais pas, Didier. Si j'avais eu le cran de me confier à vous, vous m'auriez aidé à m'y retrouver.

Sans doute devais-je faire ce chemin seul. Un bout de chemin sans vous. L'impensable. Je suis honoré de partager avec vous ce dernier repas. Si Sylvia dit que vous êtes là, je la crois. Elle a un don particulier, pour sentir les choses. Elle a accès au mystère, au sens caché des choses, aux choses qui dépassent la raison. C'est une mystique, à une autre sauce que la vôtre, mais c'est une mystique. Il m'est déjà arrivé de me demander si je vous aimais en elle ou si je l'aimais en vous. Rien n'est simple, pour moi. Mais je l'aime, Didier. J'aime votre fille. Je suis heureux d'être à cette table, ce soir, et de vous le dire.

Et pourquoi j'ai envie de pleurer, moi ? Allez zou, Papa, tu m'arranges ça ! Un petit sèche larmes d'outre-tombe et personne n'y verra rien ! *ka yak ka yak kayak*. Papa ? Tu es là ?

– Tu le reconnais ? C'est le faucon. C'est peut-être ton père.

– Pourquoi tu dis ça ?

– Je ne sais pas. Il devrait dormir. C'est un oiseau diurne. On l'appelle aussi « l'oiseau de grand travail ». Parce qu'il est fort dans son vol et ne se rebute jamais.

Kek kek kek
Papa ? Tu es parti ?

– Je pense qu'aimer, c'est aussi accepter d'avoir besoin de l'autre.

– J'ai besoin de toi.

– Moi aussi, j'ai besoin de toi.

La troisième cérémonie

Au centième jour, le défunt peut aller rejoindre ses ancêtres, nos ancêtres. Il entre dans le rang d'aïeul, nous hausse d'un cran dans notre responsabilité par rapport à la descendance. Il nous laisse définitivement la place. Il reste actif par notre mémoire et par son passé d'expérience. Le décès entraîne la naissance d'un ancêtre. Qu'est-ce que cela fait, d'être un ancêtre à quarante ans? Sans doute quelque chose d'aussi étrange que de monter d'un cran dans ma responsabilité par rapport à ta descendance, alors que j'ai 17 ans. Line et Lola veulent venir dormir chez moi. Elles ont dit chez moi. Et pas *chez Papa*. Chez Papa, pour elles, c'est au cimetière. «Chez moi», je me suis installée dans le séjour, comme toi. Je dors dans le canapé, je le replie, j'étudie sur la table où je mange, j'ai repeint la chambre que nous occupions toutes les trois, mais je ne l'utilise pas. Je reste dans le centre, dans le ventre, au bord du monde délimité par la baie vitrée. Ceux qui, de l'extérieur, regardent la porte-fenêtre doivent voir ça : une jeune femme dans un ventre rouge sanguin. J'aime bien l'idée que cette chambre soit là, quand l'une ou l'autre veut venir ici. J'y ai peint tout un mur en couleur tableau, elles dessineront des nuages blancs dans mon ciel noir. Je te parle de moins en moins, je me parle tout haut en m'adressant à toi. Mais je ne te sens plus vraiment là. Où es-tu, Papa ? Dans mon seul souvenir ? Dans ma mémoire peu fiable ? Maman commence à sentir le bébé bouger. Parfois je touche les murs, je les pousse de mes deux mains. Tu me sens bouger ? Tu n'es plus ici. Je n'ai pas eu les moyens de retenir l'âme de mon père mort. Je suis vivante et les vivants ont besoin de choses concrètes, Papa.

– Arrêtez de sauter sur le lit ! Vous allez le défoncer. Mettez un pull, on va dire bonjour à Papa.

Quand le bébé sera né, je le prendrai contre mon ventre, dans un grand foulard, je monterai jusqu'à Kao Ling, ta colline élevée, je lui parlerai de toi. Je lui raconterai mes souvenirs avec toi, pour ne plus rien oublier.

– Venez, ce n'est pas par là !

– Mais si ! Avec Papa, on allait au cimetière par le petit chemin.
– OK. Je vous suis.

Tu allais au cimetière avec mes sœurs ? Vous alliez vous promener ensemble ? Je faisais quoi, moi ? Je vivais quoi, dans ma bulle d'adolescente irascible, pendant que vous viviez votre vie de famille ?

– Vous alliez faire quoi, au cimetière ?
– Dire bonjour à Papy et Mamy.
– Ah bon ?
– On s'asseyait sur leur tombe et on regardait les nuages. Quand un nuage ressemblait à quelque chose, on devait trouver à quoi, parce que c'était le message que Papy et Mamy nous envoyaient.
– Du genre ?
– Un éléphant et une toupie, des choses comme ça.
– Et vous, vous faisiez comment pour leur envoyer vos messages ?
– Ben on leur parlait !
– Et ils vous entendaient ?
– Évidemment.
– Un jour, il y a très longtemps, on a dit qu'un monsieur avait tué un autre monsieur alors on l'a tué et on l'a accroché sur une roue, juste ici, pour que tout le monde voie ce qui arrive quand on tue quelqu'un, mais

en fait, ce n'est pas lui qui avait tué le monsieur alors c'est pour ça qu'on a appelé la rue avec son nom.

– Calbalasse ?

– Oui.

– C'est Papa qui vous a raconté ça ?

– Oui.

Je passe d'un cran dans la descendance, mais tu m'apprends des choses par la voix de mes petites sœurs de cinq ans.

– Sylvia, tu crois que Papa va nous envoyer des nuages aussi ?

– Aujourd'hui, il nous envoie du soleil !

C'est la première fois que je viens ici depuis l'enterrement. Peur de revivre cela ou peur de me retrouver seule devant ta tombe, je ne sais pas. Les petites me donnent de la force, c'est elles qui me font monter d'un cran.

– Manu !!!

– Manu !!!

– Vous le connaissez ?

– Ben c'est l'ami de Papa !

Qu'est-ce que tu fais là, Manu ? Comment mes sœurs te connaissent-elles ? Où étais-je quand tu les voyais ? Et tu m'embrasses ? Tu me prends dans les bras ? En public ? Des enfants de cinq ans, cela ne vaut pas comme témoin gênant ? Méfie-toi, elles se souviennent de tout, mes petites sœurs !

– Vous êtes des amoureux ?
– Oui…
– Vous vous embrassez sur la bouche ?
– Mmm…
– Et vous faites des bébés ?
– Pas encore.

Et moi je ne peux rien dire. Je ne sais pas quoi faire. C'est moi, finalement, qui suis gênée d'embrasser Manu devant mes sœurs.

– Tu viens parfois ici, Manu ?
– Oui. Je me sens proche de lui, quand je viens ici.
– Moi je n'y arrive pas. C'est encore trop dur.
– Parfois son nom disparaît. Un coup de vent et le bâton de bambou que tu as planté tombe, ou bien son nom s'envole. Je ne supporte pas l'idée qu'il n'y ait pas son nom sur sa tombe. Alors je viens vérifier, de temps en temps. Tu sais quand ils vont mettre la dalle définitive ?

La dalle définitive ? Ceci n'est pas définitif ? Tu pourrais encore sortir ? Tendre la main et m'appeler pour que je te hisse de là ? Cela me revient, Papa. Je suis venue ici avec toi aussi. Je pensais que les morts risquaient de m'attraper par la cheville et de me tirer dans la terre. Ça me terrifiait. Tu devais me porter.

– Non, je ne sais pas. Je n'aime pas qu'il soit là, sans fleur, juste une petite butte de terre. La taupinière de mon père. Ils attendent encore deux autres morts. Il y a un risque de glissement de terrain, ils préfèrent garantir en arrimant quelques caveaux.

Tu imagines, Papa ? Une bonne pluie et tu te tires, le terrain s'affaisse et te propulse, tu arrives en cercueil sur la place du village. *Salut Didier, on fait un petit tour ? Le vernis est costaud, dis donc, on dirait un cercueil neuf ! Encore bien qu'ils n'ont pas mis du vernis bio !* Qu'est-ce qu'on fait, là ? Dès que les filles rentreront chez Maman, elles vont lâcher le morceau ! *–Syl-via-est-a-mou-reu-se ! –Ah bon ? De qui ? –De-l'a-mi-de-papa-e !*

– Allez voir s'il y a des messages pour vous chez Papy et Mamy, on arrive !

– Ça tombe bien qu'on se croise… Je voulais te faire une surprise, tu n'étais pas chez toi alors je suis passé chez ta mère.

– Ah bon ?
– Je lui ai dit que je te cherchais, que je m'appelais Manu…

C'est donc toi ? –Sylvia vous a tout dit ? –Non ! Sylvia ne me dit rien ! C'est Didier. Il me parlait souvent d'un fameux Manu. Je suis contente de mettre un visage sur votre nom. Sylvia ? Sylvia ? C'est vous son secret ? Voilà, voilà comment Maman a appris. Par accident. Par déduction. Et parce que tu lui avais parlé de Manu, Papa. Tu as ouvert mon secret, tu nous as mis en plein jour, et nous marchons en nous donnant la main, sur ton chemin de terre, aux yeux de tous, même s'il n'y a personne. Cent jours après ton décès, tu es encore en action, tu as encore du pouvoir sur nos vies, et tu m'offres la liberté. Tu restes *actif, par notre mémoire et notre passé d'expérience.* Tu nous laisses la place. Définitivement.

– Viens John ! Allez, viens !
– Il est là ?
– Il ne me lâche plus depuis que je suis parti de chez ta mère !

Un sentier vers mon père mort
Jour 365-5

Parfois je n'en peux plus de ton absence, Papa. Je vais au cimetière. Je longe le champ. Il était traversé par un sentier aujourd'hui rayé de la carte parce que personne ne l'a emprunté pendant trente ans. J'emprunterai les sentiers de ton village, Papa, je reste dans ton village et j'arpente les sentiers de ton enfance. Je regarde ce que tu as vu puisque toi, je ne te vois plus. Je traverse tes terres. J'habite où tu n'es plus.

Jour 365-5. Dans cinq jours, il y aura un an que tu n'as plus vu le ciel de Malonne. Je le regarde souvent, on ne pourra pas le rayer de la carte. Mais je sens qu'il me faut arpenter ces cinq jours comme un chemin de ronces. Je regarde tes collines et c'est ma peine que je vois. Je commence en passant devant la maison où tu es né. En face de la porte de la maison où tu es né, il y a la rue qui mène au cimetière. J'arrive à la maison où l'on a mis ton corps mort. Devant cette maison, il y a un champ. C'est un champ qui n'a pas mangé de sentier. Je cherche les liens, je cherche les fils et les clés hors des champs, il me faut tracer le chemin de ma peine jusqu'au jour 365. Il paraît qu'après un an ça devient plus doux. De la maison où l'on a mis ton corps mort, je repasse devant la maison où tu es né. Je monte jusqu'au Tienne Calbalasse, je m'arrête rue Champs de Malonne. Au Tienne Calbalasse, on a exposé le corps d'un homme qui n'aurait pas dû mourir. C'est là qu'on enterre nos morts, à Malonne. Là où vont ceux qui n'auraient pas dû mourir ? Si on continue la rue Champs de Malonne, si on traverse le champ par le sentier qui n'existe plus, on arrive chez moi. Est-ce un fil ? Est-ce le sentier que je dois prendre pour traverser ces cinq jours ?

Je sors de la maison de ma mère et j'invente un sentier. Parce que j'ai besoin de me sentir tout près de toi. Parce que ça suffit, maintenant, faut que j'apprenne à vivre dans le village où je ne te croise plus. Je cherche un sentier, j'invente un sentier, je cherche un fil, une clé, quelque chose qui me mène à une peine plus douce, ou à toi, plus près de toi, un sentier où te retrouver parfois, quand ton absence est partout. Je dois peut-être partir de l'église, du dernier chemin que j'ai fait avec toi. On pouvait à peine passer. Tant de gens t'aimaient, Papa. On aurait dit une haie impossible. Seul ton cercueil a pu fendre la foule, bélier silencieux fracassant les portes de l'insupportable.

Je refais aujourd'hui, jour 365-5, ce dernier chemin, sans fuir les centaines de regards, sans tenir Maman dans mes bras. Je marche, du porche à la rue, sans suivre ton cercueil, habitée par ton absence. Un pas, puis un autre, encore un autre. À entendre claquer mes talons, à me voir droite et lente, personne ne pourrait dire que je refais seule le dernier chemin parcouru avec mon père. Mais si je ferme les yeux, Papa, si je ferme les yeux et si je tends un bras, là, juste devant, je sentirai le bois verni de ton cercueil. Je ne ferme pas les yeux.

Je ne ferme pas les yeux et je vois, juste à gauche, un tronc incroyable. Je suis passée devant des centaines de fois, et je ne l'ai jamais vu. Aujourd'hui, au lieu de fermer les yeux pour toucher ton cercueil, moi qui ai tant besoin de te sentir tout près, je regarde à gauche et je vois un cœur à l'envers. En sortant de l'église, sur ce chemin où je te cherche, un arbre a grandi en formant dans son tronc un cœur à l'envers. Retourné. Comme le mien. Ou comme une flèche ? Une flèche vers la colline du cimetière, Papa. Tu te rends compte ? D'accord. Je suis la direction de la flèche, je vais sur la colline qu'elle m'indique, mais je la gravis en partant de la maison de ma mère. Là où ta voiture ne s'arrête plus, là où tu ne viens plus nous apporter des croissants, là où tu ne viens plus aider Maman à tailler la haie. Je monte sur les Ternes. J'aime ce chemin. Le suivre. Le tracer. Me laisser le suivre. Quand je n'en peux plus de ton absence, je vais par là. Jusqu'au cimetière.

Je n'y comprends rien, Papa, mais de ta colline à la mienne, par un miracle du relief de notre village, nous sommes toi et moi sur la même courbe de niveau. Je cherche un lien, un signe, quelque chose entre nous. Quelque chose entre nous qui existerait, quand tu n'es plus, même si je ne le comprends pas. J'ai déjà trouvé :

– La rue en face de la maison où tu es né et celle en face de la maison où je suis née mènent toutes deux au cimetière.

– Un cœur comme une flèche me montre où te trouver.

– Tu es dans la rue de l'homme qui ne devait pas mourir.

– Nous sommes sur la même courbe de niveau. Chaque fois que je suis chez moi, nous sommes toi et moi à la même altitude. Le même nombre de mètres nous sépare de la mer.

J'arrive au cimetière par la rue des Champs, sans suivre la courbe de niveau.

J'entre. Je me dirige vers ta tombe. Je traverse cette espèce de brocante de la mort, cet abandon. Je photographie le sentier jonché de morts oubliés, comme une preuve. On ne pourra pas rayer ce sentier de la carte durant les trente années à venir. J'emprunte le chemin qui va jusqu'à ta sépulture, je le photographie. Je lui donne trente ans. Je donne un avenir au chemin entre toi et moi.

Aujourd'hui, jour 365-5, j'entre au cimetière, je donne un avenir au sentier que je cherche pour te sentir près de moi et je découvre ta tombe, à la place du tas de terre. Elle est couverte de gravier retenu par du granit noir. J'aime l'idée que la pluie puisse t'atteindre encore. MAIS TON NOM A DISPARU. Une fois de plus, ton nom a disparu. Tu le fais exprès, ou quoi ? Tu veux nous dire quelque chose ? Que ton nom ne supporte pas d'être sur une tombe ? Moi non plus, Papa, je ne supporte pas ton nom sur une tombe. Mais je ne supporte pas non plus ta tombe sans ton nom. Je regarde plus loin. Ton nom est arrimé à deux socles de béton. J'ai des difficultés à le porter. Je regarde plus loin. Le ciel est grand, là où on enterre les morts de notre village, Papa. Cela ne peut être que pour les vivants. Alors souvent je viens ici, regarder le ciel pour les vivants, là où tu es, mort. Tu es au cœur de nos collines et pourtant le ciel est grand. Encore un miracle des reliefs de notre village. J'exagère ? Je fais les liens n'importe comment ? Avec n'importe quoi ? On tourne en rond, Papa, on tourne en rond entre les lieux, je vais plus loin, je pars sur les collines. Je cherche d'autres horizons pour me rapprocher de toi en ce jour 365-5. Est-il possible de me rapprocher de toi en élargissant l'horizon ? En quittant tes collines pour d'autres ? Tu n'as jamais aimé que j'aille sur d'autres collines que la tienne. Aujourd'hui, je les fais toutes. Je vais sur tous les sommets de notre village, je te cherche là où le ciel est le plus grand, je me retrouve sur les rues et les chemins de notre village, cherchant le sentier vivant entre nous, celui qu'il me faut inventer et arpenter pour ne pas tourner en rond. Encore cinq jours, Papa, et ma peine sera plus douce. C'est ça qu'on dit, hein ?

Je voulais aller là où tu es mort. C'est encore trop dur. Je n'irai peut-être jamais, ou pas tout de suite. C'est à Malonne que je suis près de toi. Sur nos terres, reliés par une courbe plus haute que la mer, là où les ciels sont grands et les sentiers à sauver ou à inventer, selon. Je me regarde dans le miroir, je vois ma peine, et le ciel et les collines, au-delà. C'est ce que je cherchais. Un au-delà de ma peine. Un horizon plus large pour mon sentier de ronces.

Demain. Demain je marcherai dans notre village. Je traverserai les courbes de niveau en essayant de ne pas trop penser à toi. C'est encore difficile. Mais j'y arriverai. Un jour je penserai à toi sans sentir mon cœur s'arrêter, se déchirer, se serrer, se briser, s'éteindre. Comme un feu sous les larmes.

Tiêu tu'ò'ng

Il n'y a pas de modèle standard, pour le culte des ancêtres. Il varie selon les époques, les classes sociales, les régions, les gens. Son but est de *lier indissolublement les vivants et les morts d'un même clan.* Il y a un an, jour pour jour, que tu es mort, Papa, et nous sommes presque cent, à marcher sur tes sentiers. Ton clan. Ton clan est plus grand que ta famille. Fany, Céline, Romain, Véronique, Érika, Isabelle, Arthur, Évelyne, Nora, Claire, Victoria, Diane, tous les autres, même Robert, ils sont tous là. Nous ne sommes que quatre à porter ton nom, mais nous sommes cent, indissolublement liés à toi. Il a suffi de deux ou trois coups de fil, qui se sont répercutés, au-delà de moi, bien au-delà des quatre filles de Didier Seurat. Manu et moi nous marchons, nous nous donnons la main, devant cent personnes. Tristes et heureux. Baudelaire parle de *celui qui veut unir dans un accord mystique l'ombre avec la chaleur, la nuit avec le jour*, dans les « pièces condamnées » de ses « Épaves ». Puis-je penser que tu n'es pas dans une pièce condamnée, puis-je penser que si tu nous as réunis à ton insu de ton vivant, tu nous réunis, depuis ta mort, dans une dimension plus vaste, tristes et heureux, jour et nuit, avec nos ombres et nos cœurs brûlants ? Nous sommes cent, tristes d'être sans toi et heureux d'être avec toi. Nous sommes deux, main dans la main, jeunes, beaux, amoureux, avec la vie devant nous.

– À quoi tu penses ?

– À une réplique de Rosine, dans *Le Barbier de Séville… Un instant aussi heureux a coûté des soupirs et des peines, enfin mon âme aimante commence à respirer.*

– Moi aussi. Mon âme aimante commence à respirer. Tu aurais envie qu'on vive ensemble un jour ?

– Un jour. C'est trop tôt.

– Nous sommes trop jeunes ?

– Ce n'est pas une question d'âge… Je dois encore faire un bout de chemin seule. Apprendre à ne plus vivre avec lui, avant de vivre avec toi.

– Regarde ! Le faucon, il lâche sa proie… Elle se relève, elle n'est même pas blessée… c'est une Sylvia Curruca. Si tu cherches encore des signes, en voilà un beau ! Ton père est toujours là, Sylvia. Je le sens présent dans chaque élément de la nature.

Nous marchons jusqu'au cimetière, après nous repasserons à la maison, nous partagerons un goûter tous ensemble. Les *Rondes et chansons de France* rythment nos pas, Line pense que sans cela, le bébé va pleurer. *Il y a longtemps que je t'aime, jamais je ne t'oublierai*... Il y en a une qui n'est pas triste. Elle ne sait pas ce que c'est, de te perdre. *Chante, Rossignol chante*, et elle sourit, contre mon ventre de grande sœur.

L'auteur remercie la Communauté française de Belgique pour le soutien qu'elle lui a apporté.

L'auteur tient à remercier également Max Mergeay, Joachim Mergeay, Michèle Mingeot, Anne Raisière et Erik Snauwaert, pour l'aide précieuse, généreuse, scientifique et juridique qu'ils ont apportée lors de la rédaction de ce roman.

L'auteur remercie tout spécialement Nicoletta Pacetti pour son soutien chaleureux et indéfectible.
Et Muriel Molhant, pour son enthousiasme éditorial dynamisant.